**Hiperculturalidade**

**Dados Internacionais de Catalogação na Publicação (CIP)**
**(Câmara Brasileira do Livro, SP, Brasil)**

Han, Byung-Chul
 Hiperculturalidade : cultura e globalização / Byung-Chul Han ; tradução de Gabriel Salvi Philipson. – Petrópolis, RJ : Vozes, 2019.

 Título original: Hyperkulturalität – Kultur und Globalisierung
 Bibliografia.

 5ª reimpressão, 2024.

 ISBN 978-85-326-6108 1

 1. Cultura 2. Globalização I. Título.

19-25203                                                                       CDD-300

Índices para catálogo sistemático:
1. Hiperculturalidade : Sociologia    300

Cibele Maria Dias – Bibliotecária – CRB-8/9427

**BYUNG-CHUL HAN
Hiperculturalidade**
Cultura e globalização

Tradução de
Gabriel Salvi Philipson

Petrópolis

© 2005 Merve Verlag Berlin

Tradução do original em alemão intitulado
*Hyperkulturalität – Kultur und Globalisierung*

Direitos de publicação em língua portuguesa – Brasil:
2019, Editora Vozes Ltda.
Rua Frei Luís, 100
25689-900  Petrópolis, RJ
www.vozes.com.br
Brasil

Todos os direitos reservados. Nenhuma parte desta obra poderá ser reproduzida ou transmitida por qualquer forma e/ou quaisquer meios (eletrônico ou mecânico, incluindo fotocópia e gravação) ou arquivada em qualquer sistema ou banco de dados sem permissão escrita da editora.

| **CONSELHO EDITORIAL** | **PRODUÇÃO EDITORIAL** |
|---|---|
| **Diretor** <br> Volney J. Berkenbrock | Aline L.R. de Barros <br> Marcelo Telles <br> Mirela de Oliveira |
| **Editores** <br> Aline dos Santos Carneiro <br> Edrian Josué Pasini <br> Marilac Loraine Oleniki <br> Welder Lancieri Marchini | Natália França <br> Otaviano M. Cunha <br> Priscilla A.F. Alves <br> Rafael de Oliveira <br> Samuel Rezende <br> Vanessa Luz |
| **Conselheiros** <br> Elói Dionísio Piva <br> Francisco Morás <br> Gilberto Gonçalves Garcia <br> Ludovico Garmus <br> Teobaldo Heidemann | Verônica M. Guedes |

**Secretário executivo**
Leonardo A.R.T. dos Santos

*Editoração*: Fernando Sergio Olivetti da Rocha
*Diagramação*: Sheilandre Desenv. Gráfico
*Revisão gráfica*: Nilton Braz da Rocha
*Projeto gráfico de capa*: Pierre Fauchau
*Adaptação de capa*: Editora Vozes

ISBN 978-85-326-6108-1 (Brasil)
ISBN 3-88396-212-0 (Alemanha)

Este livro foi composto e impresso pela Editora Vozes Ltda.

*Afinal, o medo do novo é, geralmente, tão grande quanto o medo do vazio, mesmo que o novo seja a superação do vazio. É por isso que muitos veem apenas desordem sem sentido onde, na realidade, um novo sentido luta por sua nova ordem. O antigo* nomos *se desenvolve naturalmente, e com ele todo um sistema de medidas, normas e relações fica ultrapassado. Mas o porvir não é ainda, por isso, apenas falta de medida ou um nada contrário ao* nomos. *Mesmo nas lutas mais ferozes entre forças novas e antigas ocorrem medidas justas e se formam proporções dotadas de sentido.*
*Também aqui estão os deuses, e comandam. Grande é sua medida.*

Carl Schmitt

# Sumário

O turista de camisa havaiana, 9
Cultura como pátria, 11
Hipertexto e hipercultura, 19
Eros da conexão, 27
*Fusion Food*, 33
Cultura híbrida, 39
Hifenização da cultura, 51
A era da comparação, 59
Desaurificação da cultura, 65
O peregrino e o turista, 73
Windows e mônadas, 81
Odradek, 87
Identidade hipercultural, 93
Inter, multi e transculturalidade, 97
Apropriação, 107
À longa paz, 111
Cultura da bondade, 119
*Hiperlog*, 127
Andarilho, 131
Soleira, 135

# O turista de camisa havaiana

*Where do you want to go today?*[1]
Microsoft

Uma vez, o etnólogo inglês Nigel Barley levantou a suspeita de que a "verdadeira chave do futuro" reside em que "conceitos fundamentais como cultura deixariam de existir". Seríamos, segundo Barley, "todos nós mais ou menos como turistas de camisa havaiana"[2]. É "turista" o nome para ser humano após o fim da cultura? Ou vivemos ainda em uma cultura que nos dá a liberdade de nos lançarmos como enxame na vastidão do mundo na condição de alegres turistas? Como, afinal, descrever essa nova cultura?

---

1. Aonde você gostaria de ir hoje? [N.T.].

2. Cf. *Der Spiegel*, 44/2000.

# Cultura como pátria

> *Nosso ser-aí histórico experimenta, com aumentada insistência e clareza, que seu futuro se equivale a escolher apenas isso ou aquilo entre a salvação da Europa ou sua destruição. A possibilidade de salvação, contudo, demanda uma duplicidade: 1) a conservação do povo europeu diante dos asiáticos; 2) a superação de seu próprio desraigamento e fracionamento.*
> Martin Heidegger

Nas "Lições sobre a filosofia da história", Hegel notava o seguinte sobre a gênese da cultura grega: "acabamos de falar da estranheza [*Fremdartigkeit*] como um elemento do espírito grego, e é conhecido que o começo da formação tem ou teria relação com a chegada do estrangeiro na Grécia"[3]. É constitutivo para o surgimento da cultura grega, então, a "chegada do estrangeiro". "Com lembranças agrade-

---

3. HEGEL, G.W.F. *Vorlesungen über die Philosophie der Geschichte* – Werke in zwanzig Bänden [Lições sobre a filosofia da história – Obra em 20 volumes]. Frankfurt, 1970, vol. 12, p. 280 [Org. de E. Moldenhauer e K.M. Michel].

cidas", os gregos teriam conservado a "chegada do estrangeiro" em sua mitologia. Tal como Prometeu, que vem do Cáucaso. O próprio povo grego teria se desenvolvido de um "*colluvies*". *Colluvies* significa originalmente lama, lixo, mistura, desordem ou mixórdia.

É, segundo Hegel, uma "estultície superficial imaginar que uma vida bela e verdadeira poderia derivar do simples desenvolvimento de relações sexuais que permanecessem nos círculos de consanguinidade e amizade"[4]. Ao contrário, é a "estranheza em si mesma o único meio pelo qual ele [o espírito] recebe a força de ser na condição de espírito". A estranheza em si não gera sozinha o "espírito grego belo e livre". Para isso é necessário também uma "superação" da estranheza. A necessidade de superação da estranheza em si, contudo, não torna isso em algo meramente negativo que pudesse simplesmente faltar ou não existir, pois a estranheza em si mesma é um "elemento [constitutivo] do espírito grego". A presença

---

4. Ibid., p. 278.

do estrangeiro é, visto desse modo, necessária para a formação do próprio.

Nessa descrição da gênese histórica do mundo grego, Hegel está empenhado, portanto, em levar em consideração o efeito constitutivo do estrangeiro, da estranheza em si mesma. Contudo, em relação à identidade da cultura *europeia*, ele utiliza um tom completamente diferente. Isso porque ele acaba invocando de modo enfático a "pátria". De fato, a Europa recebeu sua religião do Oriente. Tudo, porém, o que satisfez a "nossa vida espiritual" a Europa recebera da Grécia: "Junto ao nome Grécia é que o homem formado na Europa, em especial na Alemanha, pode sentir-se em sua pátria"[5]. Da estranheza em si aqui já não se fala mais. O estrangeiro é degradado a uma mera "matéria". Antes, o caráter estranho [*Fremdheit*] era um elemento *espiritual*, uma forma. Depois do momento em que "a humanidade europeia passou a se sentir em casa estando em si", o "histórico" foi descartado

---

5. HEGEL, G.W.F. *Vorlesungen über die Geschichte der Philosophie I* [Lições sobre a história da filosofia I]. Vol. 18, p. 173.

definitivamente "dos estrangeiros que foram postos de lado". Alegre é esse estar-em-casa-em-si: "como na vida comum, ficamos bem junto aos nossos, famílias e pessoas que são pátria em si, satisfação em si, não além, nem acima disso, esse é o caso também quando estamos junto aos gregos"[6]. A alegria aqui é um fenômeno da família, da pátria e da casa. Surge do "não além, nem acima disso", do lugar. *Lugar* seria sinônimo de "espírito".

Causa estranheza a ênfase de Hegel na patricidade em face do conhecimento histórico-genealógico de que a formação da cultura grega se deve à chegada do estrangeiro, ou seja, do estranho em si. O histórico de etimologia latina [*Historische*] não coincide, evidentemente, com o *histórico* [*Geschichtlichen*] de etimologia alemã, o qual cria o próprio, o lugar em sentido enfático. Não se fala mais de "círculos de consanguinidade e de amizade", que levariam à atrofia do espírito. Hegel, ao contrário, invoca a casa, a família e a pátria. O que vale é estar "na pátria em si, satisfeito em si". Quanto

---

6. Ibid., p. 174.

à cultura europeia, o "espírito" de Hegel claramente descartou a "estranheza em si mesma" que lhe conferira a "força" de "ser na condição de espírito". Não há mais cultura estrangeira, nem "chegada do estrangeiro" que lhes retira do feliz "não além, nem acima disso". A cultura europeia desenvolve, assim, uma autossatisfação. Ela está satisfeita consigo. Nenhuma estranheza em si mesma a inquieta. Após a própria teoria de Hegel, contudo, isso teria uma paralisia mortal como consequência.

Nas "Ideias para uma filosofia da história da humanidade", Herder também nota que "toda a cultura do norte, oeste e leste da Europa" seria "uma planta oriunda de sementes românicas, gregas e árabes"[7]. Desse modo, a cultura europeia pode ser tudo, menos "pura". Ela é uma espécie de bastarda. Embora Herder não avance no sentido de desenvolver toda uma teoria da cultura, o que ele faz é elevar a impureza expressamente a um elemento

---

7. HERDER, J.G. *Ideen zur Philosophie der Geschichte der Menschheit* – Werke I, vol. III/1 [Ideias para a filosofia da história da humanidade]. Munique, 2002, p. 651 [Org. de W. Pross].

constitutivo da cultura. Mas ele se aproxima, ainda assim, de um conceito de cultura que faz aparecer, de modo questionável, a comparação valorativa entre culturas. Em "Também uma filosofia da história para a formação da humanidade", Herder nota que o "bom" está "*disseminado* pela Terra" "em mil figuras"[8]. Então qualquer comparação seria "precária". A cultura de então tendia, contudo, a absolutizar sua perspectiva relativa. Assim, não eram capazes de olhar para fora da sua própria. Ao estrangeiro que seria "já *doença*" cruzavam então com "desprezo e repugnância"[9]. Mas justamente essa "cegueira" os fazia "feliz". Ou seja, a formação da identidade feliz pressupunha uma cegueira. A "felicidade nacional" surge na medida em que a "alma" esquece a sua "variedade" interior e eleva uma parte dela como se fosse o todo. Com alguns "tons escolhidos" formam, diz Herder, um "concerto" e não ou-

---

8. HERDER, J.G. *Auch eine Philosophie der Geschichte zur Bildung der Menschheit* – Werke [Também uma filosofia da história para a formação da humanidade – Obras]. Vol. I. Munique, 1984, p. 619 [org. de W. Pross].

9. Ibid., p. 618.

vem os outros tons, embora esse *"silêncio* e escuridão" *"subsidiem* o canto". A felicidade da "alma" se deve, portanto, a uma surdez.

Será que nos aproximamos hoje de uma cultura que não tem mais como propriedade essa felicidade cega e surda, uma cultura, portanto, que, traduzido para o campo acústico, des-mesurada, des-localizada, em um espaço sonoro hipercultural, no qual os tons mais diferentes seguiriam em uma justaposição sem intervalos? A condição hipercultural da justaposição, da simultaneidade ou do "tanto quanto" também modificou a topologia da felicidade.

A "grande felicidade nacional" cantada nos "cantos" felizes da "alma" é desconhecida dos "turistas de camisa havaiana". Estes têm uma forma bem diferente de felicidade, uma felicidade que surge da desfactização, da superação da formação em aqui, em lugar. O estrangeiro aqui não seria "doença", mas o *novo* que valeria se apropriar. Eles habitam um mundo des-mesurado em um hipermercado da cultura, em um hiperespaço de possibilidades. São menos felizes do que aquelas almas que povoavam uma nação ou uma pátria? Será sua forma de vida menos desejável do que a dos outros? Não experimentariam, devido à desfactização, mais liberdade? Não seria o turista em camisa havaiana a figura dessa felicidade por vir, ou seja, o *homo liber*? Ou a felicidade é mesmo um fenômeno da fronteira ou do lugar? Haveria, portanto, uma nova era dos nativos, dos eremitas, dos ascetas ou dos fundamentalistas do lugar?

# Hipertexto e hipercultura

Ted Nelson, o criador do hipertexto, não o vê restringido ao âmbito do texto digital. O próprio mundo é hipertextual. A hipertextualidade é a "estrutura verdadeira das coisas"[10]. "*Everything is*", essas as famosas palavras de Nelson, "*deeply intertwingled*"[11]. Tudo está conectado e atado com tudo. Não há nenhuma essência isolada: "in an important sense there are", continua Nelson, "no 'subjects' at all"[12]. Nem o corpo nem o pensamento seguem um modelo linear: "Unfortunately, for thousands of years the idea of sequence has been too much with us [...] *The structure of ideas*

---

10. NELSON, T.H. *Dream Machines* [Máquinas de sonho]. Redmond, 1987, p. 30.

11. Ibid., p. 31. • Tudo é... profundamente interligado [N.T.].

12. Ibid. • Em um sentido importante não há... absolutamente nenhum "sujeito" [N.T.].

is never sequential; and indeed, our thought processes are not very sequential either"[13]. A estrutura do pensameto (*structure of thought*) é um "interwoven system of ideas (what I like to call a *structangle*)"[14]. *Tangle* significa emaranhado ou nó. Apesar de sua complexidade, a estrutura de rede da realidade se diferencia do caos. Ela é plana em um *struc-tangle*, um emaranhado estruturado. Estruturas lineares e hierarquizadas ou identidades imutáveis e fechadas são resultados de uma coerção: "hierarchical and sequential structures [...] are usually forced and artificial"[15]. O hipertexto promete uma liberdade de tal coerção. Nelson tem em vista um universo hipertextual, uma rede, um *network*, sem centro, no

---

13. NELSON, T.H. *Literary Machines* [Máquinas da literatura]. Edição 87.1, p. 1, 16. • Infelizmente, por milhares de anos a ideia de sequência esteve exageradamente conosco. [...] A estrutura das ideias nunca é sequencial; e, de fato, nossos processos de pensamento também não são muito sequenciais" [N.T.].

14. Ibid., p. 1, 14. • ...sistema interligado de ideias, o que eu chamo de *structangle*, ou estrutura-emaranhado [N.T.].

15. *Dream Machines* [Máquinas de sonho]. Op. cit., p. 31.
• Estruturas hierárquicas e sequenciais... normalmente são forçadas e artificiais [N.T.].

qual ocorre um tipo de casamento de massas: "The real dream is for 'everything' to be in the hypertext"[16].

Nelson chama seu sistema hipertextual de "xanadu". É esse o nome do lugar mítico na Ásia, no qual o poderoso senhor Kubla Khan mandou construir um *Lustschloss*, isto é, um palácio do prazer e do recreio, no meio de um jardim divino. O poeta inglês Samuel Taylor Coleridge cantou esse lugar mítico no poema "Kubla Khan", do qual restou apenas fragmentos. Nelson deve ter ficado fascinado com a visão de Coleridge. Em *Dream Machines* remete expressamente a seu fragmento de sonho[17]. Assim, seu hipertexto, seu Xanadu, contém algo de onírico, de fantástico.

Além disso, Nelson também fez alguns esboços de seu palácio – Xanadu. Da entrada do enorme edifício em forma de castelo chamado "Local Xanadu Stand" fez com que se

---

16. Ibid., p. 32. • O verdadeiro sonho é que "tudo" esteja no hipertexto [N.T.].

17. Ibid., p. 142. • O x dourado dá as boas-vindas aos viajantes com cérebros famintos [N.T.].

elevasse um x multidimensional. O x dourado, que emerge em todas as filiais do Xanadu, mostra alguma semelhança com o M dourado do McDonald's. Os *users* que ali adentram se chamam, sintomaticamente, *"Travellers"*, que desejam saciar sua fome: "The Golden X's welcome the mindhungry traveller"[18]. Com um *"hiperwelcome"* [hiper-boas-vindas] os viajantes famintos são saudados no hipermercado do saber e da informação.

A *"interwingularity"* ["o caráter de inter--interligação"] ou a *"structangle"* ["estrutura--emaranhado"] caracteriza também a cultura de hoje. A cultura perde cada vez mais a estrutura que se parece com a de um texto ou livro convencional. Ela não deixa aparecer nenhuma história, teologia, teleologia como uma unidade homogênea e significativa. Desfazem-se os limites ou as vedações nos quais a aparência de uma autenticidade cultural ou originalidade são acentuadas. A cultura arrebenta, por assim dizer, em todas as costuras, em todos os limites ou fendas. Fica des-limita-

---

18. Ibid., p. 145.

da, sem-fronteira, des-costurada em uma hipercultura[19]. Não são os limites, mas os links e as conexões que organizam o hiperespaço da cultura.

O processo de globalização acelera com as novas tecnologias, dis-*tanciando* o espaço cultural. A proximidade que surge nesse processo produz uma plenitude, um fundo de práticas de vida e formas de se expressar culturais. O processo de globalização atua de modo acumulativo e condensador. Conteúdos culturais heterogêneos apinham-se em uma justaposição. Espaços culturais se sobrepõem e se atra-

---

19. A hipercultura ou hiperculturalidade é um conceito da *teoria da cultura* e da *filosofia da cultura*. Ele se diferencia, assim, do de "hipercultura", que se constitui como uma contrafigura teórico-literária e teórico-midiática da cultura do livro. Cf. KLEPPER, M.; MAYER, R. & SCHNECK, E.-P. (orgs.). *Hyperkultur* – Zur Fiktion des computerzeitalters [Hipercultura – Para a ficção na era dos computadores]. Berlim, 1995. A antologia contém apenas contribuições de teoria das mídias e da literatura sobre hipertexto, hiperficção, cientificação, ciberpunk, ciberespaço ou realidade virtual. O título "hipercultura" tem, portanto, pouco a ver com a cultura em sentido estrito. Além disso, não é possível encontrar reflexões no âmbito da teoria da cultura. A "hipercultura" serve ali apenas como um conceito guarda-chuva para fenômenos ligados ao computador e que se mantém indeterminado quanto ao seu conteúdo.

vessam. A deslimitação é válida também para o tempo. Na justaposição do diferente, não apenas diferentes lugares, mas também espaços de tempo diversos ficam dis-*tanciados*. Não é a sensação do trans, inter ou multi, mas a do hiper que reproduz de maneira mais exata a espacialidade da cultura atual. As culturas estão se implodindo, ou seja, estão se dis-*tanciando* em hipercultura.

Em certo aspecto, hipercultura significa mais cultura. Cultura se torna, assim, genuinamente algo cultural, hipercultural, uma vez que é des-naturalizada, que é libertada seja da "flor" seja também do "chão", ou seja, dos códigos biológicos ou da *terra*. A des-naturalização intensifica a culturalização. Se o lugar constituir a faticidade de uma cultura, então a hiperculturalização significa uma desfactização da cultura.

Será que a hipercultura se tornará, como o Xanadu de Coleridge, uma aparência fugaz, uma construção onírica? O *Lustschloss* de Kubla Khan foi construído no Planeta Terra em que fervilha infinitas insurreições. E o rio sagrado "Alph", correndo pelos jardins paradisíacos, cai tempestuosamente no mar sem sol: "in Xanadu did Kubla Khan / A stately pleasure-dome decree: / Where Alph, the sacred river, ran / Through caverns measureless to man / Down to a sunless sea"[20]. Em meio aos ruídos da água Kubla Khan percebe as vozes de seus antecessores. Profetizam a guerra: "And 'mid this tumult Kubla heard from far / Ancestral voices prophesying war!"[21] "Guerra das culturas"? A hipercultura sem centro, sem deus, sem lugar, levará ulteriormente a resistências e levantes. Não por menos levou ao trauma da perda. Reteologização, remitologização e renacionalização da cultura são usos comuns contra a hiperculturalização do mundo. Assim, a des-localização hipercultural, no limite, será confrontada com um fundamentalismo do

---

20. "Em Xanadu, comanda Kubla Khan: / Para o lazer, para o prazer, levante-se / Um palácio de campânulas solares / Junto ao Alfa sagrado que, mais baixo, / Em grotas, rumo a um mar sem sol, se afuna" [Trad. de Décio Pignatari, modificada] [N.T.].

21. "E, em meio ao tumulto, Kubla Khan ouvia / Vozes de outrora bradando a guerra!" [Trad. de Décio Pignatari, modificada] [N.T.].

lugar. Será que as "ancestral voices" [vozes de outrora] que profetizaram o desastre teriam razão? Ou seriam apenas vozes de alguém que resiste a se extinguir em breve?

# Eros da conexão

Em um fragmento póstumo chamado "Die Zeit bedenken" [Ponderar o tempo][22], Vilém Flusser medita sobre o tempo da sociedade da informação. Nele, diferencia três formas de tempo, a saber, o tempo das imagens, o tempo dos livros e o tempo dos bits. Expressos de maneira geométrica, o tempo da superfície, o tempo linear e o tempo pontual. O tempo das imagens pertence ao tempo mítico. Nele domina uma ordem clara. Cada coisa tem seu lugar imóvel. Se se distanciar desse lugar, deve ser ajustada. O tempo dos livros pertence ao tempo histórico. É inerente a ele a linearidade histórica. É um fluxo que corre do passado e aspira ao futuro. Cada episódio leva ao desen-

---

22. FLUSSER, V. Die Zeit bedenken [Ponderar o tempo]. In: *Lab. Jahrbuch für Künste und Apparate* (2001/2002) [Laboratório de artes e aparatos (2001/2002)], p. 126-130.

volvimento ou ao declínio. O tempo de hoje, em contrapartida, não tem um horizonte nem mítico, nem histórico. Falta-lhe o horizonte de sentido abrangente. É des-teologizado ou des-teleologizado em um "universo-bit" "atômico" ou "universo-mosaico" no qual possibilidades sem qualquer horizonte mítico ou histórico "zunem" como pontos ou "escorrem" como "grãos" "de sensações discretas": "essas possibilidades aproximam-se de mim: elas são o futuro. Onde quer que eu olhe, ali está o futuro [...] Dito de outro modo: o buraco em que estou não é passivo, mas suga como um turbilhão de possibilidades que o rodeiam". Nesse "universo-ponto" não há "imagem" ou "livro" que fosse limitado de possibilidades. A existência, ao contrário, se rodeará de possibilidades flutuantes. De tal modo que o "universo-ponto" promete mais liberdade. O futuro está "em qualquer lugar" "para onde eu me virar".

Possibilidades ampliam-se, continua Flusser em sua reflexão, quando incluo o outro em meu tempo, ou seja, quando os "reconheço" e os "amo": "[...] não estou sozinho no mundo, outros estão ali também. [...] Na medida em que ponho à disposição meu próprio futuro ao outro, disponho do dele". Possivelmente, Flusser gostaria de entender também a conexão como práxis do amor e do reconhecimento. A conexão amplia mesmo o futuro ao produzir um hiperespaço de possibilidades. Não seriam "medo" e "separação", mas *eros* e conexão os traços característicos da existência que habita nesse universo hipercultural[23].

A conexão do mundo, cada vez maior, produz uma abundância, uma superabundância de relações e possibilidades, e isso independe de ter sido incentivada pelo "eros" ou por um tipo completamente diferente de propensão humana. O espaço de possibilidades

---

23. Pode-se apenas lamentar que Byung-Chul Han não trabalhe com textos de Flusser que tratam especificamente a questão da pátria e da sua superação, como a "reflexão" presente na sua autobiografia *Bodenlos* – uma autobiografia filosófica chamada "Habitar a casa na apatridade", ou ainda a reflexão sobre as pontes em *Ser judeu*. É conhecido, com efeito, o fato de os europeus conhecerem Flusser apenas como um teórico da cultura e das mídias, passando ao largo do tema da *"Bodenlosigkeit"* – o caráter de falta de chão – e da "ponte" que Flusser desenvolveu e aprofundou em reflexões testemunhais de um sobrevivente da *shoá*, porque emigrante [N.T.].

farto e saturado, o hiperespaço de opções possíveis, transborda a "faticidade" que restringe o "projeto" [*Entwurf*], a liberdade de escolha, para falar com Heidegger, em *"possibilidade herdada"*[24]: "A resolução na qual o ser-aí retorna a si abre as possibilidades a cada vez fáticas da autêntica existência *a partir da herança assumida* como lançada"[25]. O "ser-lançado", a *Geworfenheit*, com certeza já não é mais uma característica da forma de existência atual. A esta corresponderia mais o ser-projetado, a *Entworfenheit*. O excesso de possibilidades não permitiria um projeto de ser-aí fora do horizonte da "Terra" e da "tradição". Assim, opera de modo desfactizante, produzindo, com isso, um aumento de liberdade. O "ser-aí" fica desfactizado em *homo liber*. A conhecida expressão da Microsoft "Where do you want to go today?" [aonde quer ir hoje?] é justamente a cifra da desfactização do ser-aí que o des-*terra* em turista hipercultural. A desfac-

---

24. HEIDEGGER, M. *Sein und Zeit* [Ser e tempo]. 14. ed. Tübingen, 1977, p. 385.

25. Ibid., p. 383.

tização caracteriza a cultura de hoje. Ela deserda o ser-aí do "estar-lançado", gerando com isso uma liberdade maior.

Turista hipercultural é um outro nome para a desfactização da existência e do ser-aí. Ele não precisa primeiramente de modo físico estar a caminho para ser turista. Ele *já está em si mesmo* em qualquer outro lugar ou mesmo quando está a caminho. Não é que se abandona a casa como turista para voltar depois como nativo. O turista hipercultural *já é consigo em casa* um turista. Já está ali ao estar aqui. Não *chega* de modo definitivo a nenhum lugar.

Já em Ser e tempo Heidegger está convencido de que a conexão midiática nivela diferenças e produz uma "ditadura" do "a gente". Em Ser e tempo está escrito assim: "No uso frequente dos meios de transporte, na utilização dos meios de notícia (jornais) é esse outro como o outro. Esse ser com-o-outro dissolve o ser-aí autêntico completamente no modo de ser 'do outro', mas de tal modo, que os outros desaparecem ainda mais em sua diferencialidade e expressividade"[26]. Um efeito das mídias como o de reproduzir as formas de vida e possibilidades é estranho a Heidegger. À monotonia do "a gente" ele também não gostaria de opor a diversidade de projetos de existência e de ser-aí, pois sentia inquietação e desconforto diante da diversidade. Perante uma sociedade-colagem colorida, reclamava o nós da comunidade do destino. A filosofia de Heidegger do "habitar" e do "lugar" é, no limite, a tentativa de re-factizar a existência, o ser-aí.

---

26. Ibid., p. 126.

## *Fusion Food*

A globalização é um processo complexo. Não faz desaparecer simplesmente a diversidade de signos, representações, figuras, temperos e cheiros. A produção da unidade ou da monotonia do igual não é algo característico nem da natureza nem da cultura. À economia da evolução, que opera, vale dizer, também na cultura, pertence, ao contrário, a geração da diferença. A globalização segue um caminho dialetal, fazendo surgir dialetos.

É problemática a ideia de uma diversidade cultural orientada pela proteção de espécies que só poderia ser alcançada por cercados artificiais. Seria infrutífero a pluralidade museológica ou etnográfica. À vivacidade de um processo de troca cultural pertence a proliferação, mas também o desaparecimento de determinadas formas de vida. A hipercultura não é monocultura superdimensional. Ao contrário, disponibiliza, por meio de uma rede global e de desfactização, um fundo de formas e práticas de vida diferentes que se modificam, se ampliam e se renovam, nas quais passa a ocorrer também formas de vida de tempos passados, até mesmo de modo hipercultural, ou seja, des-historicizados [*ent-historisiert*]. Nessa deslimitação não apenas espacial, mas também temporal, a hipercultura acaba com a "história" [*Geschichte*] em sentido enfático.

Chavões como "cultura McDonald's" ou "cultura coca-cola" não espelham mais de modo correto a efetiva dinâmica da cultura. No McDonald's se projeta coisas que superformam de modo multiplamente simbólico este nome. Essa projeção diapositiva relações efetivas. No mundo há, na verdade, mais restaurantes chineses do que filiais do McDonald's. É possível que se consuma em Paris mais sushis do que hambúrgueres. Na gastronomia moderna do Ocidente, também se cita frequentemente a cozinha asiática. McDonald's representa, na Ásia, no máximo uma pequena variedade de cozinhas locais. E mesmo suas ofertas devem se adequar ao costume gastronômico cultural de cada um dos países. Além disso, dos Estados Unidos chega não apenas McDonald's, mas também *Fusion Food* ou *Fusion Cuisine*. Trata-se de uma cozinha misturada que se utiliza de um fundo hipercultural de temperos, ingredientes e modos de preparação. Essa hipercozinha não nivela a multiplicidade de culturas gastronômicas. Não joga tudo cegamente na panela. Ao contrário, vive de diferenças. Cria novas formas. Gera, assim, uma variedade que não seria possível em uma purificação da culinária local. Globalização e variedade não se excluem.

Em *McDonaldização da sociedade*, George Ritzer eleva o McDonald's a código da racionalização do mundo[27]. Pode ser que ofertas de

---

27. Cf. RITZER, G. *Die McDonaldisierung der Gesellschaft* [McDonaldização da sociedade]. Frankfurt, 1995. Na Ásia, o McDonald's deve seu sucesso não apenas à racionalização. Cf. WATSON, J.L. (org.). *Golden Arches East* – McDonald's in East Asia [Arcos dourados do Oriente – McDonald's na Ásia Oriental]. Stanford, 1997. Cf. tb. BREIDENBACH, J. Globaler Alltag – Kann man Globalisierung verstehen? [Cotidiano global – Pode-se entender a globalização?]. In: KLEINER, M.S. & STRASSER, H. (orgs.). *Globalisierungswelten* – Kultur und Gesellschaft in einer entfesselten Welt [Mundos da globalização – Cultura e sociedade em um mundo desencadeado]. Colônia, 2003, p. 161-175.

racionalização como eficiência, computabilidade ou previsibilidade dominem mundialmente muitos campos de vida. Mas não poderão pôr de lado a racionalidade da diversidade de gostos, a diversidade de condimentos e aromas. Globalização não significa racionalização. Com medo da diversidade, já Platão condenara o uso de ingredientes e a variedade de pratos sicilianos. A cultura não segue, contudo, o *logos*. Ela é incomputável, alógica, como se pensa. As coerções de unidade e identidade não serão a força motriz da globalização. A hiperculturalidade opera diversificando-se.

Nenhuma re-localização gastronômica iria pôr de lado a hipercozinha. O hipermercado do gosto deslocaliza o próprio, o autêntico. É assim que se mostra em modo hipercultural: "em uma palavra, ocorre uma renascença não tradicionalista do local [...]. Dito ironicamente, segundo o gosto bavárico, se se trata de uma salsicha (branca, a da Baviera), então se trata de uma *salsicha branca havaiana*"[28].

---

28. BECK, U. *Was ist Globalisierung* [O que é globalização]. Frankfurt, 1997, p. 87ss.

Ao menos no que diz respeito à alimentação, não haverá unificação da cultura. Ao mecanismo do gosto na condição de sentido, do prazer, pertence a criação de diferenças. A monotonia do idêntico significaria o fim do gosto. Além disso, a nivelação da diferença não seria significativa no que diz respeito à economia do consumo. O hipermercado do gosto vive da diferença e diversidade. A hiperculturalidade significa, contudo, mais do que uma justaposição de temperos e aromas diferentes. Ela desfactiza o próprio gosto, o abre para o novo.

Quando a gente pensa em *Fusion Food*, lembramos menos do ser do que do *design*. De fato, a hiperculturalidade des-factiza o ser em *design*. Pois a vida tem sido cada vez mais projeto. O *design* toma do ser o estar-lançado. Contra a hiperculturalidade do mundo, Heidegger tenta constantemente re-factilizá-lo, e também o aroma. Em "O caminho do campo", por exemplo, invoca o "cheiro de madeira do carvalho".

# Cultura híbrida

Não é nova a compreensão de que a cultura seja híbrida e impura. A cultura europeia é, segundo Herder, já foi dito aqui, uma "planta oriunda de sementes românicas, gregas e árabes". Ela é bastarda, portanto. O povo grego deve seu surgimento, tal o entendimento de Hegel, a um "*colluvies*", a uma "confluência das mais diversas nações". De pura, portanto, não tem nada. A "estranheza em si", da qual Hegel falava em relação à gênese da cultura grega, caracteriza mesmo, no limite, a constituição da cultura que deve ser chamada de híbrida.

A "estranheza em si mesma" dá ao espírito a "força de ser espírito". Visto dessa forma, o próprio "espírito" seria híbrido. Sem a "estranheza em si mesma", estaria puro da vivacidade. As identidades são, para Hegel, seria possível lê-lo dessa forma, atravessadas por diferenças híbridas. O caráter resoluto de Hegel em relação à identidade ou à unidade orgânica remete, talvez, ao seu conhecimento profundo da hibricidade do ser. É certo que Hegel é um dos poucos pensadores que se aproximaram da dimensão originária do "espírito". Originariamente, o "espírito" significa excitação, agitação, sair de si. É, na verdade, como ainda significa em inglês, um *ghost* [fantasma, palavra que em inglês contém *host*, hóspede]. Etimologicamente, o "espírito" aponta, portanto, mais para a *Un-heim-lichkeit*, quer dizer, para a in-quieta-ção, mas também es-tranhe-za ou, se quiser, in-patria-lidade, do que para a tranquilidade do estar-em-casa-consigo. O *ghost* é ele mesmo uma figura híbrida. É metade vivo, metade morto.

A hibricidade foi elevada, nos debates do multiculturalismo, a uma força formadora de cultura. Produz novas formas (híbridas): "*híbrido* é tudo o que deve a uma mistura de linhas de tradição ou de sequências de significantes, tudo o que conecta diferentes discursos e tecnologias, tudo o que se realiza pelas técnicas do *collage*, do *samplings*, da bricolagem"[29].

O conceito de hibridade de Bhabha coloca em questão a própria pureza ou originalidade da cultura em questão. Como consequência, nenhuma cultura é uma essência sólida, imutável que fosse um objeto da hermenêutica. A hibricidade marca a "passagem intersticial" (*interstitial passage*)[30] que cria a identidade, a autoimagem cultural como efeito da diferença. O limite como passagem não é simplesmente demarcado ou segregado, mas criador. É um interespaço que a cada vez define nova e processualmente as diferenças e, com isso, as identidades. Bhabha utiliza também a metáfora da "escada": "The hither and thither of the stairwell, the temporal movement and passage

---

29. BRONFEN, E. et al. (orgs.). *Hybride Kulturen* – Beiträge zur anglo-amerikanischen Multikulturalismusdebatte [Culturas híbridas – Contribuições aos debates multiculturais angloamericanos]. Tübingen, 1997, p. 14.

30. BHABHA, H.K. *The Location of Culture* [O local da cultura]. Londres, 1994, p. 4.

that it allows, prevents identities at either end of it from settling into primordial polarities"[31].

Como ilustração da passagem entrelugares, Bhabha remete à figura da ponte de Heidegger. Assim, cita o *Construir, habitar, pensar*, de Heidegger: "Always and ever differently the bridge escorts the lingering and hastening ways of men to and from, so that they may get to other banks ... The bridge gathers as a passage that crosses"[32]. Sua citação de Heidegger é fragmentária e distorcida. Em Heidegger, a passagem é a seguinte: "Sempre e a cada vez de modo diferente, a ponte leva para cá e para lá os caminhos hesitantes e os apressados dos humanos, levando-os às outras margens e, por último, ao outro lado, como mortais. Em

---

31. Ibid. • O ir e vir do poço da escada, o movimento temporal e a passagem que ele propicia, evita que as identidades a cada extremidade dele se estabeleçam em polaridades primordiais (BHABHA, H.K. *O local da cultura*. Belo Horizonte: UFMG, 1998, p. 22 [Trad. de Myriam Ávila, Eliana L. de L. Reis e Gláucia R. Gonçalves] [N.T.].

32. Ibid., p. 5. • Sempre e sempre, de modo diferente, a ponte acompanha os caminhos morosos ou apressados dos humanos de lá e para cá, de modo que eles possam alcançar outras margens [...] A ponte *reúne* enquanto passagem que atravessa (p. 24 da versão brasileira) [N.T.].

seus arcos, ora altos, ora quase planos, a ponte se eleva sobre o rio e o desfiladeiro. Quer os mortais prestem atenção, quer se esqueçam, a ponte se eleva sobre o caminho para que eles, os mortais, sempre a caminho da última ponte, tentem ultrapassar o que lhes é habitual e desafortunado e assim acolherem a bem-aventurança do divino. Enquanto passagem transbordante para o divino, a ponte cumpre uma *reunião integradora*"[33]. A ponte de Heidegger é de fato, e nisso Bhabha está, com certeza, certo, uma passagem entrelugares que faz surgir antes de tudo as margens, quer dizer, o aqui e ali: "A ponte pende 'com leveza e força' sobre o rio. A ponte não apenas liga margens previamente existentes. É somente na travessia da ponte que as margens surgem como margens. A ponte as deixa repousar de maneira própria uma frente a outra." A ponte simboliza a figura do pensamento, uma vez que, em certo sentido, a relação precede os relacionados. A relação no sentido da palavra de origem ale-

---

33. HEIDEGGER, M. *Vorträge und Aufsätze* [Ensaios e conferências]. Pfullingen, 1954, p. 153.

mã *Bezug* de que Heidegger faz uso não é para ele uma relação no sentido da palavra de origem latina em alemão, *Relation*, que aqui tem um sentido de uma relação abstrata e estática entre essências já claramente delineadas. Ao contrário, é aquela que cria esta. Assim, a identidade agradece a ocorrência da diferença. Esta não é um efeito posterior da identidade. A ponte, enfatiza Heidegger, não é simplesmente construída em um lugar previamente disponível. Ao contrário, ela cria o lugar. Ela localiza e reúne. Nesse sentido, a ponte é um "ultrapassamento [*Überwulf*] anterior"[34] a partir do qual surge o espaço. Além disso, o limite é em Heidegger, como citado corretamente por Bhabha, "'não o que cessa com algo', mas aquilo de onde algo *inicia sua essência*".

A figura de Heidegger da ponte ou do limite não é, contudo, adequada para ilustrar a hibricidade da cultura ou do mundo. Em Heidegger, o aqui e o ali, o dentro e o fora, o próprio e o estrangeiro se relacionam uns com os

---

34. HEIDEGGER, M. *Wegmarken* [Marcas do caminho]. Frankfurt, 1967, p. 55.

outros em uma *tensão dialética, dialógica*. Uma simetria rígida, que determina o mundo de Heidegger, impede a hibricidade que produz estruturas assimétricas. A dialética, que para Heidegger ocorre na forma de uma dialética sem centro, ou seja, sem reconciliação, não permite nenhum cruzamento híbrido do diferente. O emaranhado híbrido de vozes que se permeiam, se misturam e se multiplicam é estranho a Heidegger. Devido a seu arco dialético, a ponte de Heidegger é, por assim dizer, por demais estreita. Não é um grande cruzamento, nem um largo, nem mesmo um *circus*[35], no qual as coisas se cruzam de modo adialético, se espelhando e se misturando. A "escada" de Bhabha também é estreita na medida em que seu "para lá e para cá" (hither und thither) apenas deixa ir "para cima e para baixo" (upper und lower).

A ponte de Heidegger "*reúne*". Ela é uma figura de recolha [*Sammlung*] e de reunião [*Ver-*

---

35. A figura do *circus* (circo, arena, praça, grande cruzamento) é utilizada por John Cage para caracterizar a justaposição amigável, a simultaneidade de eventos sonoros heterogêneos aos quais falta a interioridade, o centro e a subjetividade. São opostos ao *focus*, que reúne e *interior*-iza.

*sammlung*]. A dispersão que seria constitutiva para a hibricidade não ocorre no interior da tensão de mão dupla entre aqui e ali. Se o híbrido se chamasse, no âmbito acústico, de *ruído*, então o mundo de Heidegger não seria totalmente sem ruído. A ponte de Heidegger recolhe, reúne, além disso, todos os caminhos "antes do divino". É significativo que Bhabha omita isso ao citar Heidegger. O ali divino, a margem divina, transcende o habitual e talvez nefasto "para cá e para lá" dos mortais. Para Heidegger, seria dispersivo já esse "para lá e para cá" humano. Faz parar, por assim dizer, "na salvação do divino". A ponte de Heidegger é, no limite, uma figura *teológica*. Justamente sua teologização do mundo impede a hibridização. Nisso, reduz radicalmente a multiplicidade. Opera, portanto, des-hibridizando. Além disso, as "coisas" de Heidegger não são nada híbridas. Não se deve esquecer que Heidegger manteve-se como um filósofo da "originalidade", da "autenticidade", da "origem" e da "essência".

Bhabha pensa ainda excessivamente de modo dialético. Dialética não significa simplesmente contradição e reconciliação. Dialético é sobretudo a tensão de mão dupla do diferente. E é justamente essa tensão dialética, ou seja, de mão dupla ou agonal que não permite uma forma lúdica da multiplicidade. Mesmo o entrelugar com o qual Bhabha espacializa o limite é dialético na medida em que é dominado pelo caráter da mão dupla. Assim, Bhabha está ainda em grande medida preso na tensão agonal-dialética entre colonizador e colonizado, entre dominante e dominado, entre senhor e escravo.

Segundo Bhabha, a hibricidade significa sobretudo que as vozes do outro, do estrangeiro, estejam sempre presentes de modo próprio[36].

---

36. É dialética justamente a figura do pensamento que sempre media a identidade pela diferença. Em seu conhecido escrito "Identidade e diferença", ao qual Bhabha poderia sem mais ter feito recurso, Heidegger faz de Hegel aquele que preparou o caminho para essa dialética da identidade e diferença: "[...] foi a filosofia do idealismo especulativo que contribuiu, pela primeira vez, e preparada por Leibniz e Kant, passando por Fichte, Schelling e Hegel, com a hospedagem na essência sintética em si da identidade. [...] Desde a época do idealismo especulativo é vedado ao pensamento representar a unidade da identidade como mera monotonia e prescindir dela na mediação que cuida da unidade. Onde tal coisa ocorre, a identidade é representada apenas de modo abstrato (HEIDEGGER, M. *Identität und Differenz* [Identidade e diferença]. 8. ed. Pfullingen,

Surge, assim, o constructo de uma identidade que se assemelha apenas a si mesma, pura, para falar com Herder, uma surdez ou uma recusa de ouvir a voz do outro. O conceito de Bhabha de hibricidade opera contra esse construto da pureza e da originalidade que é o fenômeno da força. Assim, o tornar audível da voz do outro subverte a relação de poder dominante. A hibricidade "reverses the effects of the colonialist disavowal, so that other 'denied' knowledges enter upon the dominant discourse and estrange the basis of its authority"[37]. Assim, concede à hibricidade uma força subversiva que se direciona contra a ordem dominante estabelecida.

A hibricidade, contudo, já está, devido a sua história conceitual, excessivamente acoplada ao complexo racista e colonialista do poder, da dominação, da opressão e da resistência, à geometria do centro e margens ou de cima e

---

1986, p. 11ss.). Justamente contra esse pensamento *abstrato* que se recorre à dialética da identidade e diferença.

37. "Reverte os efeitos da recusa colonialista, de modo que outros saberes 'negados' se infiltrem no discurso dominante e tornem estranha a base de sua autoridade" (BHABHA, H.K. *The Location of Culture*. Op. cit., p. 114).

de baixo[38]. Assim, não abrange justamente o lúdico que não está carregado com tal complexo, e que, portanto, abandona totalmente o entrelugar dialético de senhor e escravo. A hipercultura, de certo, não é um espaço sem

---

38. Também a "criolização" caracteriza o processo da mistura cultural: "Creolization also increasingly allows the periphery to talk back. As it creates a greater affinity between the cultures of center and periphery, and as the latter increasingly uses the same technology as the center, not least some of its new cultural commodities become increasingly attractive on a global market. Third World music of a creolized kind becomes world music; and world cities like New York, London, or Paris, in themselves partly extensions of Third World societies, come to exercise some of their influence as cultural switchboards between peripheries (and semi-peripheries), not only as original sources" (A criolização também permite cada vez mais que a periferia responda ousadamente. Na medida em que cria uma grande afinidade entre culturas do centro e da periferia, e na medida em que a última cada vez mais usa a mesma tecnologia do que o centro, não menos do que algumas de suas *commodities* culturais mais novas se tornam cada vez mais atrativas no mercado global. A música do terceiro mundo do tipo criolo se torna música mundial; e cidades do mundo, como Nova York, Londres e Paris, extensões parciais nelas mesmas das sociedades do terceiro mundo, passam a exercer parte de sua influência como quadro de distribuição entre periferias (e semiperiferias), não apenas como fontes originais) (ULF, H. *Cultural Complexity* – Studies in the Social Organization of Meaning [Complexidade cultural – Estudos sobre a organização social do sentido]. Nova York, 1992, p. 265).

poder. Mas o particular do mundo elaborado hiperculturalmente é o crescimento de espaços que não seriam acessíveis pelo modo do poder econômico, mas pelo estético, espaços que, portanto, tomassem parte daquele império do jogo que Schiller contrapôs ao império da força e ao da lei: "Em meio ao terrível império das forças e no meio do sagrado império da lei, o impulso estético à formação constrói, desapercebidamente, um terceiro império, feliz, do jogo e do brilho, no qual tira dos humanos os grilhões de todas as relações, eximindo-os de tudo o que se chama coerção, seja no plano físico, seja no moral"[39]. Esse reino do jogo e do brilho, que se diferencia também do reino do poder, promete mais liberdade. Sua lei fundamental é, diz Schiller, *"libertar pela liberdade"*. Esse reino, portanto, será povoado pelos *homines liberi et hilari*.

---

39. SCHILLER, F. Über die ästhetische Erziehung des Menschen [Sobre a educação estética do homem] – Nationalausgabe [Edição nacional]. In: WIESE, B. (org.). *Philosophische Schriften* [Escritos filosóficos]. Vol. 20. Weimar, 1962, p. 410.

# Hifenização da cultura

É uma tarefa urgente da filosofia cultural desenvolver um modelo conceitual que permita abranger a dinâmica cultural de hoje. O conceito de Bhabha do "entrelugar" híbrido de fato liquefaz o conceito essencialista de cultura até certo grau. Mas ainda é excessivamente imóvel, dialético, para a descrição do processo cultural, hipercultural, de hoje.

Segundo Bhabha, a identidade cultural não é uma ilustração passiva de características culturais anteriormente dadas. Ao contrário, ela é sempre novamente "negociada" ou "acordada" no entrelugar "antagônico", "conflituoso". Sobre o conceito de "negociação", Bhabha escreve: "When I talk of *negotiation* rather than *negation*, it is to convey a temporality that makes it possible to conceive of the articulation of antagonistic or contradictory elements: a dialectic without the emergence of a teleological or transcendent History [...]"[40]. O modelo de Bhabha do entrelugar não corresponde à justaposição do diferente que não seria determinada pelo "ou ou", mas pelo "tanto quanto", não pela contradição ou pelo antagonismo, mas pela assimilação mútua.

A hipercultura é mais aberta e adialética do que a cultura híbrida de Bhabha. A ela não faz jus nem o modelo da ponte ou da escada, nem do espaço de negociação. O modelo do rizoma de Deleuze se revela, em contrapartida, como apropriado para descrever determinados aspectos da hipercultura. Tem pleno potencial teórico-cultural.

O rizoma caracteriza a multiplicidade não centralizada que não pode ser subjugada por nenhuma ordem abrangente: "Um rizoma como haste subterrânea distingue-se absolutamente

---

40. BHABHA, H.K. *The Location of Culture*. Op. cit., p. 25 [p. 51 da versão brasileira]. [Quando falo de *negociação* em lugar de *negação*, quero transmitir uma temporalidade que torna possível conceber a articulação de elementos antagônicos ou contraditórios: uma dialética sem a emergência de uma história teleológica ou transcendente [...]].

das raízes e radículas. Os bulbos, os tubérculos, são rizomas. Plantas com raiz ou radícula podem ser rizomórficas num outro sentido inteiramente diferente: é uma questão de saber se a botânica, em sua especificidade, não seria inteiramente rizomórfica. [...] Qualquer ponto de um rizoma pode ser conectado a qualquer outro e deve sê-lo. É muito diferente da árvore ou da raiz que fixam um ponto, uma ordem"[41]. O rizoma é, portanto, uma construção aberta, cujos elementos heterogêneos jogam incessantemente uns com os outros, deslizam uns por cima dos outros e são concebidos em constante "devir". O lugar rizomático não é um lugar de "negociação", mas de transformação e mistura. A dispersão [*Streeung*] rizomática, a distração [*Zerstreeung*] des-substancializa, des-interioriza, acultura em hipercultura.

Deleuze traça uma relação rizomática entre a orquídea e a vespa: "A orquídea se des-

---

41. DELEUZE, G. & GUATTARI, F. *Tausend Plateaus* [Mil platôs]. Berlim, 1992, p. 16. [DELEUZE, G. & GUATTARI, F. *Mil Platôs*. São Paulo: Ed. 34, 2011, p. 14-15 [Modificado pelo tradutor]].

territorializa, formando uma imagem, um decalque de vespa; mas a vespa se reterritorializa sobre esta imagem. A vespa se desterritorializa, no entanto, tornando-se ela mesma uma peça no aparelho de reprodução da orquídea; mas ela reterritorializa a orquídea, transportando o pólen"[42]. Essa relação entre a orquídea e a vespa é aparentemente regulada apenas por um "mimetismo". Na realidade, trata-se de um "verdadeiro devir, devir-vespa da orquídea, devir-orquídea da vespa".

Apesar da dispersão intensa, o rizoma também forma estruturas-raízes, estruturas-árvores. Ao contrário de ramos ou partes de raízes, os brotos rizomáticos brotam de repente[43]. A hipercultura, na condição de cultura desinteriorizada, desenraizada e deslocalizada, se relaciona em múltiplos sentidos rizomáticos. Ocorre passagens rizomáticas entre estruturas subculturais e culturais, entre margens e centros, entre concentrações provisórias e dispersões renovadas. E isso pode ocor-

---

42. Ibid. p. 20, e p. 16-17 da versão brasileira.

43. Ibid., p. 27.

rer também com a formação das estruturas culturais dominantes, semelhantes a nós ou bulbos na rede rizomática, podendo, contudo, novamente se dispersarem e se desfazerem. A cultura nacional como cultura da árvore e da raiz surge, em contrapartida, da dissimulação ou do escamoteamento das estruturas rizomáticas. A hipercultura é uma cultura rizomática. A proliferação e dispersão rizomática reflete o *hiper* (hiperculturalidade) que não pode ser compreendido nem pelo *inter* (interculturalidade) nem pelo *trans* (transculturalidade).

O rizoma não tem "memória"[44]. É, por assim dizer, *disperso*. Também nesse sentido, a rizoma-cultura se assemelha à hipercultura, que não é uma cultura da interioridade ou da lembrança. Uma descrição botânica do rizoma termina, sintomaticamente, com a seguinte observação: "as partes mais antigas do rizoma sempre morrem na medida em que ele se rejuvenesce em suas pontas. Desse modo, não alcança, após uma longa série de anos, como outras radículas de muita idade, constante-

---

44. Ibid., p. 36.

mente dimensões maiores; se torna apenas entre um outro".

A figura da "ponte" heideggeriana e bhabhaiana que, na condição de "passagem elevada", deixa a margem "ficar especialmente uma contra a outra" não tem nada de rizomática. O meio rizomático não é passagem de mão dupla. Ele foge ou flui, por assim dizer, de modo excessivamente rápido para uma "negociação". "*Entre* as coisas" não designa, para Deleuze, "uma correlação localizável que vai de uma para a outra e reciprocamente", mas um "movimento transversal que vai em uma direção *e* na outra". O entre rizomático, portanto, não é "passagem entrelocal", mas um "riacho sem começo ou fim que rói as margens e adquire velocidade no meio"[45]. O entre rizomático não é antagonista.

Não é a contradição, mas a conjunção que o estrutura. Pode ser, portanto, essencialmente mais amigável do que o entrelugar de Bhabha, sempre em "conflito". De fato, nem termina nem exclui: "um rizoma não tem começo

---

45. Ibid., p. 42.

nem fim, é [...] inter-ser, *intermezzo*. A árvore é filiação, mas o rizoma é aliança, unicamente aliança. A árvore precisa do verbo 'ser', mas o rizoma tem como tecido a conjunção 'e... e... e...' Há nesta conjunção força suficiente para sacudir e desenraizar o verbo 'ser'"[46]. Esse *e amigável*, rizomático, adialético, merece bastante atenção. A "lógica do E" rizomática cria uma relação "assignificante", ou seja, uma relação da falta de relação, uma justaposição do diferente, uma proximidade do distante. Ela *hifeniza*[47] a cultura em hipercultura[48]. Os hífe-

---

46. Ibid., p. 41.

47. Hífen [do grego e do latim: "em um (junto)"] [...] 1) Na gramática antiga, a contração de duas palavras em um substantivo composto; 2) O traço utilizado para unir o substantivo composto.

48. Os traços que unem os substantivos de Heidegger não são *hifênicos* ou *aditivos*. Ao contrário, são analíticos ou hermenêuticos. Não forma, portanto, um substantivo composto. Uma palavra é, ao contrário, retalhada em seus elementos de significado (p. ex., *ver-rückt*, des-vairado, ou *be-stimmen*, de-terminado) para que seu sentido "originário" apareça. É interessante nesse contexto uma nota de Heidegger sobre o seu "ser-no-mundo": "A expressão posta junto 'ser-no-mundo' indica já em sua cunhagem que se refere com ela a um fenômeno *unitário*" (HEIDEGGER, M. *Sein und Zeit*, p. 53).

nes operam também sem a relação "profunda", "interior", se ligando, se reconciliando.

Por acaso, hífen (hifa, em português) significa também os filamentos dos fungos. Originalmente, significava *hyphé*, do grego, tecido. É também uma rede, uma web. Por meio de uma fusão, hífen ou hifa forma uma malha enredada (*myzelium*, em português, micélio). A malha do hífen ou da hifa não tem centro. Não é exatamente *enraizada*. Pode apenas deslizar pelo chão ou crescer no vento (hífen ou hifa aérea). Sob determinadas condições, os emaranhados de hífen ou de hifas formam corpos frutíferos, carpóforos. Possuem pouca interioridade. São des-localizados. A hipercultura é uma *hifencultura* em múltiplos aspectos.

# A era da comparação

É certo que Nietzsche é um dos poucos pensadores capazes de captar as vibrações em um panorama, em uma ressonância. Reconheceu de modo evidente que a morte de deus também desencadeava o fim do *lugar* pensado de modo enfático, uma vez que deus era deus também do *lugar*. A des-localização da cultura produz uma justaposição de diferentes formas de saber, pensar, viver e acreditar: "*A era da comparação* – Quanto menos os homens estiverem ligados pela tradição, tanto maior será o movimento interior dos motivos, e tanto maior, correspondentemente, o desassossego exterior, a interpenetração dos homens, a polifonia dos esforços. Para quem ainda existe, atualmente, a rígida obrigação de ligar a si e a seus descendentes a um lugar? Para quem ainda existe algum laço rigoroso? Assim como todos os estilos de arte são imitados um ao lado do outro, assim também todos os graus e gêneros de moralidade, de costumes e de culturas. – Uma era como a nossa adquire seu significado do fato de nela poderem ser comparadas e vivenciadas, *uma ao lado da outra*, *justapostas*, as diversas concepções do mundo, os costumes, as culturas; algo que antes, com o domínio sempre localizado de cada cultura, não era possível, em conformidade com a ligação de todos os gêneros de estilo ao lugar e ao tempo"[49]. Nietzsche tem em vista também uma filosofia da comparação, uma *filosofia comparativa*: "Eu imagino pensamentos futuros, nos quais a inquietação europeia e americana se conecta com a tranquilidade asiática transmitida por centenas de anos: uma combinação desse tipo traria uma solução para o

---

49. NIETZSCHE, F. Menschliches, Allzumenschliches I u. II – Kritische Studienausgabe [Humano, demasiadamente humano I e II – Edição de estudo crítica]. In: COLLI, G. & MONTINARI, M. Munique/Berlim/Nova York, 1980, vol. 2, p. 44 [Grifado por B.C. Han] [NIETZSCHE, F. *Humano, demasiadamente humano*: um livro para espíritos livres. São Paulo: Companhia das Letras, 2005, p. 31-32 [Trad. de Paulo César de Souza; modificado pelo tradutor].

enigma do mundo. Por enquanto, os espíritos livres observadores têm a seguinte missão: suspender e retirar todos os limites nos quais uma mistura da humanidade está a caminho: religiões, estados, instintos monarquistas, ilusões de riqueza e de pobreza, preconceitos de raça, de saúde etc."[50]

A era do lugar limita-se em era da comparação. A era por vir eleva-se, contudo, não só sobre a cultura do lugar, como também sobre a cultura da comparação: "agora, uma intensificação do sentimento estético escolherá definitivamente entre as tantas formas que se oferecem à comparação: deixará perecer a maioria – ou seja, todas as que forem rejeitadas por este sentimento. Hoje ocorre igualmente uma seleção

---

50. NIETZSCHE, F. *Nachgelassene Fragmente 1875-1879 – Kritische Studienausgabe* [Fragmentos póstumos 1875-1879 – Edição de estudo crítica]. Vol. 88, p. 306. Foucault fala de modo semelhante de uma "filosofia do futuro": "Ainsi, si une philosophie de l'avenir existe, elle doit naîte en dehors de l'Europe ou bien ellle doit naître en conséquence de rencontres et de percussions entre l'Europe et la non-Europe" [Assim, se existe uma filosofia do futuro, ela deve nascer fora da Europa, ou então deve nascer em consequência de reencontros e de percussões entre a Europa e a não Europa] (*Dits et écrits*. Vol. III. Paris, 1994, p. 622ss. [org. de D. Defert e F. Ewald].

nas formas e hábitos de moralidade superior cujo objetivo não pode ser outro senão o ocaso das moralidades inferiores. É a era da comparação! É este seu orgulho – mas, como é justo, também seu sofrimento. Não tenhamos medo desse sofrimento! Vamos, isto sim, compreender tão grandemente quanto possível a tarefa que nos é imposta pela era: a posterioridade nos abençoará por isso – uma posterioridade que se saberá tanto acima das culturas e povos originais nacionais fechadas quanto da cultura da comparação, mas que, olhando para trás, agradecerá a ambas as formas de cultura como antiguidades veneráveis".

A "era da comparação" alonga-se não apenas em justaposição de formas culturais diferentes umas ao lado das outras. É uma era de seleção orientada a uma hierarquia de valor. Eticidades "inferiores" devem desaparecer para benefício das "superiores". Decisivo aí é apenas o "sentimento estético". É problemático, contudo, como a diferenciação entre as formas inferiores e superiores ocorre nos termos de "estilos da arte". O esteticismo de

Nietzsche tende a uma re-teleogização, a uma re-teologização da cultura.

Seria a era da globalização de fato uma era da comparação que desapareceria em benefício de uma era das formas mais fortes, superiores? Ou seria ainda uma era da multiplicidade que se exerce no tanto quanto, uma era que não seria dominada pela economia da seleção, mas pela "lógica do E"? Não estaria a moralidade "superior" do futuro, caso ela exista, baseada na *amizade do E*?

# Desaurificação da cultura

> *Deus é chamado pós-biblicamente de "Lugar".*
> Peter Handke

Talvez de modo inconsciente, ou talvez apenas pré-consciente, a expressão da Microsoft *Where do you want to go today?* registra uma reviravolta sísmica no ser. O *go* marca uma cesura, o fim de um *aqui* particular. A expressão do Linux, *Where do you want to go tomorrow?* [Para onde você quer ir amanhã?] ou o *slogan* da propaganda da Disney em seu portal "Go" na internet, *are you ready to go?* [Está pronto para ir?] dão continuidade à despedida do *aqui* que concedeu ao ser uma profundeza aurática, para dizer corretamente, uma *aparência* aurática.

Em seu texto "A obra de arte na era de sua reprodutibilidade técnica", Benjamin atribui a áurea de uma coisa da natureza ou da arte à "sua existência única no lugar em que ela se encontra"[51]. A áurea é o brilho, a emissão de um "aqui e agora" particular, que não é reproduzível *ali*. Se o lugar fosse a "ponta da lança"[52] que reúne e recolhe tudo consigo, então a áurea seria a expressão de sua *interioridade*.

A globalização de hoje é *mais* do que uma troca entre lugares. Que determinadas formas culturais de um lugar migrem ou se desloquem a um outro lugar, que um lugar influencie culturalmente um outro, não faz ainda a globalização. A globalização de hoje modifica o lugar enquanto tal. Ela o des-interioriza, toma-lhe a ponta que *anima* um lugar. Onde formas culturais de expressão se perdem, no processo de des-localização, de seu lugar original, levadas e oferecidas a uma justaposição hipercultural, a uma simultaneidade hipercultural, onde a unicidade do aqui e agora cede à repetição atópica [*ortlosen*], é aí que a áurea está em

---

51. BENJAMIN, W. *Das Kunstwerk im Zeitalter seiner technischen Reproduzierbarkeit* [A obra de arte na era de sua reprodutibilidade técnica]. Vol. 1.2. Frankfurt, 1974, p. 475 [Org. de R. Tiedemann e H. Schweppenhäuser].

52. HEIDEGGER, M. *Unterwegs zur Sprache* [A caminho da linguagem], Pfullingen, 1959, p. 37.

declínio. A cultura na era de sua reprodutibilidade global não é uma cultura do aqui e agora aurático. A desauretização do lugar não se deixa lamentar, contudo, como no estilo da crítica da cultura heideggeriana, unilateralmente como perda do "profundo", da "origem", da "essência" ou da "autenticidade", nem mesmo como perda do ser. A atopia [*Ortlosigkeit*] é, quando muito, uma *outra* forma do ser. Não seria a profundidade ou a origem apenas um efeito especial da superfície?[53]

A áurea é, segundo Benjamin, uma "aparição única de uma coisa distante". O declínio da áurea é o resultado de um "desejo fervoroso de aproximar as coisas no espaço e ao humano"[54]. O desaparecimento da áurea remete à pretensão humana de se apropriar das coisas em vir-

---

53. Rilke, *o* poeta do *Tiefsinn*, i. é, do profundo, se perguntou uma vez "se não seria tudo superfície o que temos diante de nós, que percebemos, interpretamos e refletimos". "E o que chamamos de espírito, alma e amor", continua Rilke, "não seria tudo isso apenas uma modificação sutil na pequena superfície de um rosto próximo?" Cf. RILKE, R.M. Auguste Rodin. In: *Sämtliche Werke*. Vol. 5. Frankfurt, 1965, p. 135-280; aqui p. 212.

54. BENJAMIN, W. *Das Kunstwerk im Zeitalter seiner technischen Reproduzierbarkeit*. Op. cit., p. 479.

tude de sua dis-tância. Por que condenar essa produção de proximidade? Não seria a áurea já uma aparência que a consciência infeliz produz diante da dor, uma vez que as coisas permanecem ainda na distância?

Des-localização e dis-tância condicionam uma a outra. Lugares são dis-*tanciados*. Des--localização produz proximidade. Formas culturais de se expressar são dis-*tanciadas* de seu lugar, de seu contexto histórico ou ritual, em uma justaposição. Sucedem-se, umas após as outras, em caráter hipercultural de falta de distância proxêmica e concomitantemente. Na hipercultura, diferentes formas ou estilos de diferentes lugares e épocas são dis-tanciados em hiperpresença. Essa justaposição hipercultural aniquila a áurea oriunda do *aqui* particular, do *lugar* único e de um tempo e história específico. A globalização desauretiza, assim, a cultura em hipercultura.

Desauretização é também desfactização. As culturas se livram de seu *ser-embarcado* local-histórico, de seu *estar-lançado*. Desfactizadas, oferecem-se a diferentes formas de apropriação. As culturas des-localizadas, des--auretizadas não são simplesmente repetições sem qualquer autenticidade. Elas atingem um *outro* ser, uma *outra* realidade, que brilha justamente em seu caráter de ausência de áurea. Inspirando-se na hiperculturalidade, seria possível chamá-la de *hiper-realidade*.

O castelo de Xanadu de Hearst em São Simeão, Califórnia, é certamente um lugar *museológico* de hiper-realidade, um lugar do caráter de ausência de lugar. Ali, bens culturais do mundo inteiro, de todas as épocas, estilos e tradições se agrupam, uns após os outros, em uma justaposição. Falsificações ligam-se de modo contínuo com obras verdadeiras, de tal modo que a diferença entre falso e verdadeiro se eleva em uma terceira forma do ser, em uma *hiper-realidade*. Seria o "Xanadu" de Hearst uma miniatura museológica, uma antevisão museológica da hipercultura?

De modo característico, o "Xanadu" hiper-real de Hearst se parece com o "Xanadu" hipertextual de Nelson. Em ambos os mundos domina uma justaposição intensa, uma simultaneidade do diferente. A proximidade do diferente ou do distante caracteriza também a hipercultura. Seria a promessa de um mais, de um *more*, característica tanto da justaposição hipercultural quanto também do projeto Xanadu hipertextual ou hiper-real?

Na "viagem ao reino da hiper-realidade", Eco sugere que Hearst tem em vista a "nivelação do passado" e a "mistura de estilos"[55]. Seu "Xanadu" seria, diz Eco, a "obra-prima de uma bricolagem obcecada pelo horror *vacui*". Hearst não é a sequência daquele "desejo fervoroso de 'aproximar' as coisas no espaço e ao humano"? A hiperculturalidade deixara a hiper-realidade de Hearst, ou seja, a justaposição desauretizada de lugares e tempos, aparecer em uma luz particular. A mistura de estilos e a bricolagem de Hearst indicam uma certa proximidade com a lógica hipercultural do E.

---

55. Cf. ECO, U. *Über Gott und die Welt* – Essays und Glossen [Sobre Deus e o mundo – Ensaios e crônicas]. Munique, 1985, p. 57ss.

O "Xanadu" de Hearst em São Simeão insere-se, aliás, na paisagem turística da Califórnia, à qual pertence também a Disneylândia.

Seria preciso lamentar a perda da áurea, do lugar, da origem, do "aqui agora" auretizado? Ou se anuncia pela múltipla perda um novo aqui agora sem áurea que teria um brilho próprio, um *ser-aqui* hipercultural que coincidiria com o *ser-por-toda-parte*? Não indicaria a propaganda da Disney *Are you ready to go?* ou o mote da Microsoft: *Where do you want to go today?*, uma forma de existência de um *homo liber* futuro, ou seja, à liberdade que os humanos obtiveram pelo declínio da áurea? Seria um ganho ou uma perda que o "aqui agora" também se torne *reproduzível ali* e *depois*?

## O peregrino e o turista

> *Por fim, eu era em sonho novamente o peregrino: ou seja, tudo era marcado com futilidade dolorosa e desencantada. E de manhã, ao acordar, queria que esse inverno durasse para sempre.*
> Peter Handke

Zygmunt Bauman eleva o peregrino à figura do ser humano moderno. A modernidade dá ao peregrino, diz Bauman, "uma nova expressão promissora"[56]. O ser humano moderno, na condição de peregrino, caminha ininterruptamente o mundo na condição de deserto, pelo que confere forma ao sem-forma, continuidade ao episódico e faz do "fragmentário um todo"[57]. A viagem do peregrino moderno é, segundo Bauman, uma "vida orientada a projetos". Ela é "dirigida, contínua

---

56. BAUMAN, Z. *Flaneur, Spieler und Touristen* – Essays zu postmodernen Lebensformen [Flaneur, jogador e turista – Ensaios sobre as formas de vida pós-modernas]. Hamburgo, 1997, p. 136.

57. Ibid., p. 140.

e inflexivelmente"[58]. Devido a seu caráter de projeto, o mundo do peregrino deve "ser ordenado, determinado, previsível e seguro". Deve "ser um mundo no qual as pegadas permaneçam para sempre gravadas, de tal modo que o rastro e o registro de viagens passadas permaneçam mantidos e preservados"[59].

O ser humano moderno seria de fato um peregrino? A forma de existência do peregrino corresponde realmente à Modernidade? À experiência do peregrino pertence necessariamente o ser-estrangeiro nesse mundo. O peregrino é um *Pilger*, em alemão, e em latim, *peregrinus*. *Aqui*, ele não está totalmente em casa. Por isso está sempre *a caminho* de um *ali* especial. Justamente a Modernidade supera essa assimetria de *aqui* e *lá* e, com isso, a forma existencial do peregrino. Em vez de estar *a caminho de ali*, avança a um *aqui* melhor. Ao deserto, à migração do peregrino pertence, além disso, a incerteza e a insegurança, ou seja, a possibilidade da desorientação, dos caminhos

---

58. Ibid., p. 142.
59. Ibid., p.143.

aleatórios, da odisseia. A Modernidade considera-se, contudo, de modo equivocado, uma *estrada* reta.

O peregrino é uma figura da *Pré-modernidade*. É por isso que pensadores re-teologizantes, como Heidegger, recorrem a tal figura. Ao "ser" pertence a *errância*[60]. O "estar a caminho" de Heidegger aponta para uma *chegada final*, para uma *pátria*. Está acoplada à "origem" que retira o aqui seguro, disponível. O "Caminho do campo" de Heidegger era um caminho de peregrinos. Característico dos peregrinos é também aquele "perigo / de escuridão hesitante / em luz velante"[61]. Caminhos de peregrinos são os "árduos caminhos / no que é sempre singelo, simples / de sua localidade / que se recusa em ser acessada"[62]. Justamente essa privação re-auretiza, re-teologiza a "localidade".

---

60. Heidegger escreveu assim: "Eles erram [*irren*] / Mas não se perdem [*verirren*]" (Aus der Erfahrung des Denkens [Da experiência do pensamento]. In: *Gesamtausgabe* [Obras completas]. Op. cit. Vol. 13, p. 91).

61. Ibid., p. 222.

62. Ibid., p. 223.

Em certo aspecto, os primeiros turistas ainda possuíam a mesma forma de andar de um peregrino. Estavam mesmo a caminho de um mundo alternativo romântico, um contramundo, de um lugar originário e desconhecido. Queriam escapar do *aqui* em um *ali*. Mas já não eram mais um *peregrinus*, nem um estrangeiro, nem um caminhante (*viator*). Tinham uma *casa*, um *em-casa no aqui*.

A hiperculturalidade cria uma forma especial de turista. O turista hipercultural não está a caminho de um contramundo, de um *ali*. Ele habita, ao contrário, um espaço que se mostra sem assimetria entre *aqui* e *ali*. Está *totalmente aqui*. Está *em casa* em um *espaço de imanência*. O navegador ou *browser* no hiperespaço de coisas que merecem ser vistas se diferencia de modo decisivo tanto da forma de andar do peregrino como também da do turista romântico. No espaço hipercultural, *ali* é apenas um outro *aqui*. É simétrico. Não há assimetria do sofrimento. O turista hipercultural se movimenta de um *aqui* a outro *aqui*.

A hipercultura é mesmo uma *cultura do ser-aqui*. Porque o turista hipercultural não tem a ambição de *chegar por fim em algum lugar*, o lugar em que ele a cada vez está não é um *lugar*, um *aqui* em sentido enfático. O aqui não deveria ser substantivado, não deveria ser escrito em alemão como todos os substantivos, com a primeira letra maiúscula: *hier* e não *Hier*, *aqui*, ou mesmo riscado: H̶i̶e̶r̶ ou a̶q̶u̶i̶. De forma oposta ao riscado em forma de cruz do ser, em Heidegger, que deve re-auretizar e re-teologizar, o simples risco do aqui remete à des-auretização e à des-teologização do ser. Retira-lhe a profundeza aurática.

Embora Zygmunt Bauman perceba que para os turistas de hoje "cada vez fica mais obscuro em qual lugar está apenas fazendo turismo e em qual está em casa", ele não abre mão da figura do estar em casa: "a oposição entre 'aqui eu estou de visitas e ali é onde estou em casa' continua claro, assim, como antigamente, e mesmo assim seria difícil dizer onde está o 'ali'. 'Ali' é despido cada vez mais de todos os seus traços essenciais; o 'estar em casa' que o abrange não é, nem se quer *imaginário* (cada figura mental seria tão específica e exageradamente limitante), mas é *postulado*: postula-se *ter-se* um estar em casa, não um edifício particular, ou uma rua, um campo ou uma sociedade de pessoas. [...] Nostalgia é um *sonho de pertencimento* – de pelo menos uma vez apenas não estar *em* um lugar, mas também de ser *de* lá. [...] O valor do 'lar' na saudade reside justamente em sua tendência de permanecer para sempre no futuro. Não pode acontecer na presença, sem que sua magia e sua sedução se esvaiam [...]". O turista de Bauman é um turista romântico que postula um passado. Ainda não é um peregrino. Está a meio do caminho de uma pátria, de um *ali* que permanece, contudo, sempre no "futuro". Bauman de fato percebe que a nostalgia não é a "única sensação do turista", que ele também tem "medo da *dependência da pátria*", ou seja, "medo de estar atado a um lugar"[63]. Mas falta

---

63. BAUMAN, Z. *Flaneur, Spieler und Touristen*, p. 159.

a ele todo um rol de sensações para uma outra forma de turista, a saber, para a forma de existência do turista hipercultural que não conhece, em oposição ao turista peregrino, nenhuma diferença entre aqui e ali, que, portanto, não vive no "futuro" ou no "futuro II", mas totalmente na *presença*, ou que habita o *ser-aqui*. Para Bauman, o turista ainda é um peregrino dilacerado entre a saudade e o medo do ali. O turista hipercultural, por sua vez, não tem nem saudade nem medo.

A globalização não significa simplesmente que o ali está conectado com o aqui. Ela cria mais um aqui global na medida em que des-localiza e dis-*tancia* o ali. Nem o turista inter, multi ou transcultural viaja pelo hiperespaço de acontecimentos que se descobrem no *sightseeing* [turismo] cultural. Assim, vivencia a cultura como *cul-tour*.

# Windows e mônadas

Ted Nelson concebeu a ideia do hipertexto como uma prática da liberdade. O hipertexto pode ser interpretado como cifra de uma emancipação universal. A produção de uma ordem linear-hierárquica baseia-se, para Nelson, em uma coerção, em um *destructive process* [processo destrutivo][64]. O leitor de um livro convencional deve se subordinar a uma ordem previamente dada. De tal modo que as diferentes preferências do leitor não são tratadas de modo adequado: "People have different backgrounds and styles [...]. Yet sequential text, to which we are funneled by tradition and technology, forces us to write the same sequences for everyone, which may be appropriate for some readers and leave others

---

64. NELSON, T.H. *Literary Machines*. Op. cit., p. 1, 14.

out in the cold, or which may be apropriate for nobody"[65]. O leitor fica obrigado a estar em uma passividade. O hipertexto permite, em contrapartida, que a leitura se conduza de um modo totalmente diferente. Ele põe à disposição possibilidades de escolha: "Thus it would be greatly preferable if we could easily create different pathways for different readers, based upon background, taste and probably understanding. [...] This means that 'different' articles and books will more likely be *different versions of the same work*, and *different pathways through it for different readers*"[66]. O mundo hipertextual é *colored*, quer dizer, co-

---

65. Ibid. • As pessoas têm origens e estilos diferentes [...]. E, no entanto, o texto sequencial, ao qual fomos bitolados pela tradição e pela tecnologia, nos força a escrever as mesmas sequências para todos, o que pode ser apropriado para alguns leitores e pode deixar outros do lado de fora, no frio, ou o que não poderia ser apropriado para ninguém [N.T.].

66. Ibid., p. 1, 15. • Então, seria muito melhor se pudéssemos criar sem dificuldade diferentes caminhos para leitores diferentes, baseado na origem, gosto e compreensão provável. [...] Isso significa que artigos e livros "diferentes" serão, muito provavelmente, *versões diferentes do mesmo trabalho*, e *caminhos diferentes por ele para leitores diferentes* [N.T.].

lorido[67]. O leitor não é mais jogado em uma estrutura ordenada de sentido previamente dada, monocromática. Ao contrário, movimenta-se de modo ativo, estabelecendo de modo independente novos caminhos pelo espaço colorido do hipertexto. É um turista em um hiperespaço colorido. Nelson fala do "leitor ativo" ("*active reading*")[68]. O leitor segue menos uma ordem previamente dada do que suas inclinações e interesses: "Unrestricted by sequence, in hypertext we may create new forms of writing which better reflect the structure of what we are writing *about*; and readers choosing a pathway, may follow their interests or current line of thought in a way heretofore considered impossible"[69]. O mundo é um tipo

---

67. Cf. "This is the mathematical usages, where connections are called 'colored' if they are of different types" [Esse é o uso matemático, no qual as conexões são chamadas de "coloridas" caso sejam de tipos diferentes].

68. Ibid., p. 1, 18.

69. Ibid. p. 3. • Não restringido pela sequência, no hipertexto podemos criar formas novas de escrever que reflitam melhor a estrutura do que estamos escrevendo *sobre*: e os leitores, escolhendo um caminho, podem seguir seus interesses ou sua linha de pensamento atual de um jeito que até agora era considerado impossível [N.T.].

de "windowing hypertext" [hipertexto de janelas][70]. Janelas são entradas em um universo hipertextual. A experiência do mundo repousa no "*step through* the window" [*dar um passo através* da janela]: "Think of the present document as a sheet of glass. It may have writing painted on it by the present author; it may have clear glass, windowing to something else; the next pane may be in turn made of more layers of painted glass, with more windows, and so on indefinitely"[71]. *Windowing* é, portanto, o modo hipertextual da experiência. Abre o mundo. Nesse universo hipertextual não há unidades isoladas para si, nenhum "subjects" [sujeito] mais, portanto. Tudo espelha uns aos outros ou pode transparecer outro em si.

O universo hipertextual contrasta de modo interessante com o universo leibniziano, pois seu habitante, as "mônadas", não tem janelas,

---

70. Ibid., p. 1, 16.

71. Ibid., p. 2, 34. • Pense no documento presente como uma folha de vidro. Pode ser que tenha sido pintada uma escrita nele pelo presente autor; pode ter vidro claro, uma janela para outra coisa; a próxima vidraça pode ser, por sua vez, feita de mais camadas de vidro pintado, com mais janelas, e assim por diante indefinidamente [N.T.].

ou seja, não tem *window*. Embora a mônada espelhe o universo em si, esse espelhamento não é interior, pois a mônada é "sem janelas". Não tem janelas, pois é uma "substância". É fechada por todos os lados. Persevera em si. O universo monadológico de Leibniz não é, portanto, um universo-rede. Devido à falta de janelas das mônadas, nesse universo não há *windowing*. O encerramento da "substância" monadológica não permite comunicação, não permite, portanto, espelhamento unilateral. Aqui intervém o famoso "deus" de Leibniz. Ele faz a mediação entre as mônadas sem janelas, cuidando para que exista uma "harmonia preestabelecida" entre as mônadas isoladas para si.

No universo hipertextual nada é monadologicamente cerrado. Não há "sujeitos". O habitante do universo hipertextual seria uma espécie de essência-janela feita de *windows* pelas quais capta o mundo. O *windowing* toma da casa a interioridade monadológica, des-interioriza o habitante da casa em turista hipercultural.

Sim, a janela tem duas funções. É primeiramente uma abertura ao exterior. Mas também ao mesmo tempo protege do mundo, como uma tela. Como uma espécie de janela, a tela opera não apenas revelando, mas também protegendo. A *windowing* pode, então, de sua parte, produzir mônadas, dessa vez mônadas com janelas cujo ser-no-mundo se mostra na condição de um ser-*diante*-da-janela. Em seu isolamento, aproximam-se das antigas mônadas sem janelas. Precisariam essas também apelar para *deus*?

# Odradek

O "Odradek" de Kafka em "A preocupação de um pai de família"[72] incorpora uma identidade híbrida. Já seu nome[73] remete a sua hibricidade: "Uns dizem que a palavra Odradek vem do eslavo e procuram, devido a isso, a comprovação da formação da palavra. Outros julgam que ela vem do alemão, sendo apenas influenciada pelo eslavo". Também sua aparência é híbrida: "À primeira vista, parece um carretel de linha, achatado e estreliforme; e aparenta, de fato, estar enrolado em fio; é bem verdade que os fios não serão mais do

---

72. Kafka pode ser lido de uma maneira nova a partir da figura da hibricidade. O protagonista "Gregor Samsa" também se transforma em uma figura híbrida entre homem e animal. A própria forma narrativa de Kafka é híbrida.

73. Para a interpretação do próprio nome de "Odradek", cf. HAN, B.-C. *Todesarten* – Philosophische Untersuchungen zum Tod [Modos de morte – Investigações filosóficas sobre a morte]. Munique, 1998, p. 167-171.

que fiapos, restos emendados ou simplesmente embaraçados de fio gasto, da mais diversa cor e espécie. Mas não se trata apenas de um carretel, pois no centro da estrela nasce uma vareta transversal, de cuja extremidade sai mais outra, em ângulo reto. Com auxílio desta segunda vareta, por um lado, e de uma das pontas da estrela, por outro, o todo se põe de pé, como sobre duas pernas".

Odradek é especialmente híbrido na medida em que mal respeita os limites da "casa". É a contrafigura da casa ou do lugar. Não está situado em um lugar. Desloca, assim, o *Hausvater*, o "pai de família", o "pai da casa" em uma tradução literal, esse guardião da pátria, da nação, da terra paterna ou *Vaterland*, a palavra usada pelos nazistas para pátria, ou do povo, que está constantemente inquieto. É *a* preocupação do "pai de família". Assombra como um *ghost*. Não tem qualquer paradeiro ou local de residência evidente: "ele vive alternadamente no sótão, no vão da escada, nos corredores, no vestíbulo. Às vezes desaparece por semanas inteiras; provavelmente se muda para outras casas, mas é certo que acaba voltando à nossa".

Ele é tratado como uma "criança". Não faz "perguntas difíceis". Claramente não é profundo. Seu coração não adere excessivamente às coisas ou aos lugares: "perguntam-lhe 'como se chama?', e ele responde 'Odradek'. E 'onde você mora?' Ele responde 'residência indeterminada', e ri [...]". Odradek possui uma identidade bem estranha: "seria o caso de se acreditar que este objeto, outrora, tenha tido alguma finalidade, que agora esteja apenas quebrado. Mas, ao que parece, não é esse o caso; ao menos não há sinal disso; não se vê marca alguma de inserção ou de ruptura que indicasse uma coisa destas; embora sem sentido, o todo parece completo à sua maneira. Aliás, não há como dizer coisa mais exata a respeito, pois Odradek é extraordinariamente móvel e não pode ser pego". Nenhuma teleologia domina sua identidade. Ele parece apenas quebrado, pois não está atrelado a nenhum horizonte de finalidade. É "completo à sua maneira". Trata-se, contudo, de uma identidade *assemblada* [*Zusammengestückelt*] de diversas partes. Um conjunto [*Zusammen*] da falta de nexo [*Zusammenhanglosen*] é o que caracteriza sua identidade.

Odradek "ri", é verdade. Mas sua risada tem algo de irônico, de zombaria, de inquietante. Não é uma risada livre: "[...] é uma risada que só produz quem não tem pulmões. Soa, quem sabe, como o cochicho de folhas caídas". A alegria que se poderia atestar em Odradek, ou mesmo no próprio Kafka, é ambivalente como sua risada sem corpo. Sua risada suspende apenas brevemente a mudez abissal de uma matéria na qual sempre volta a decair: "[...] com frequência ele fica mudo, por longo tempo, como a madeira que aparenta ser".

Odradek constitui um tipo de antipai ou anticasa. Ele se assemelha aos "nômades do norte" no conto "Uma velha página". Esse conto também começa com a manifestação de uma "preocupação": "É como se houvesse demasiada negligência na defesa de nossa pátria. Até agora não nos importamos com tal assunto, pois urge tocar o nosso trabalho. Entretanto, os acontecimentos dos últimos tempos nos têm deixado preocupados". Os "nômades do norte" ocupam a capital. Acampam a céu aberto, "pois detestam as casas de morar". Como

Odradek, não são habitantes de casas. Assoma novamente a figura do "pai" na forma da "*Vaterland*", a pátria paterna, e "*Kaiser*", imperador. Como em Odradek, o pai de família, ou seja, o Kaiser, assiste à azáfama sem poder fazer nada. Os "nômades do norte" constituem o totalmente outro, o estrangeiro, o inquietante, o incomensurável: "com frequência fazem caretas; então aparece o branco dos olhos revirados e a boca se enche de espuma, mas com isso talvez nem desejem dizer o que quer que seja, nem assustar; fazem tal coisa porque assim é a sua natureza". Nenhuma troca, nenhuma comunicação entre eles e os nativos tem lugar: "não se pode falar com os nômades. Não conhecem o nosso idioma, mal têm eles um idioma próprio". Também não entendem a "linguagem dos sinais". Então eles se entendem com gritos, "como gralhas".

Nem Odradek nem os nômades do norte são turistas hiperculturais. Odradek retornará "inevitavelmente" à sua "casa". A figura de um *windowing* não se pode encontrar em Kafka. A negatividade do nomadismo kafkiano produz apenas fantasmas que assolam a *casa*. Desse modo, Kafka se mantém refém da "casa" ou do "pai". A essência híbrida de Odradek que, ao contrário da bestialidade dos nômades, possui sim traços felizes ou animados, indica sobretudo uma certa proximidade com a identidade hipercultural que constitui a estrutura ao estilo *patchwork* [retalhado]. Odradek é feito, tal como Kafka descreve, de "restos emendados ou simplesmente embaraçados de fio gasto, da mais diversa cor e espécie". Com efeito, ele tem um *colored self* [self colorido].

# **Identidade hipercultural**

No universo leibniziano cada ente tem um lugar e uma identidade fixos. Ficam integrados em uma harmonia divina, em uma ordem cósmica. Nada inquieta isso. Nada estrangeiro penetra na sua interioridade ordenada. Nenhuma mônada, então, olha para fora da janela.

Característico de hoje é a desintegração do horizonte. Desaparecem os contextos que dão sentido e identidade. Fragmentação, pontualização e pluralização são sintomas do presente. Valem também para a experiência temporal de hoje. Não há mais um tempo que seja cumprido por uma bela tessitura de passado, presente e futuro, ou seja, pela história, por um arco de suspensão narrativo. O tempo fica *nu*, ou seja, despe-se de narrativa. Surge um tempo pontual ou um tempo-acontecimento que não pode conter muito *sentido* devido à sua falta de horizonte.

À constelação do ser de hoje falta de modo evidente a gravitação que une partes em um todo vinculativo. O ser se dispersa em um hiperespaço de possibilidades e acontecimentos que, ao invés de gravitarem, apenas, por assim dizer, zumbem. A desintegração do horizonte pode ser experimentada como um vazio doloroso, como uma crise da narrativa. Mas permite também uma nova práxis da liberdade.

O mundo composto hipertextualmente consiste, por assim dizer, de incontáveis janelas. Nenhuma das janelas, contudo, abre para um horizonte absoluto. Mas essa ancoragem do ser a que falta o horizonte permite um novo modo de andar, uma nova perspectiva. No *windowing*, se desliza de uma janela a outra, de uma possibilidade a outra. Continua havendo a possibilidade de uma narração individual, de um projeto individual de existência. Onde o horizonte se desintegra em possibilidades coloridas é possível reconstruir uma nova identidade dele. No lugar de um *self* monocromático, surge um *self* colorido, um *colored self*.

A assim chamada religião *patchwork* [fragmentada], que poderia se chamar também religião colorida, pressupõe, do mesmo modo, a desintegração de um horizonte unitário de sentido. A desintegração do horizonte estabelece uma justaposição hipercultural de formas diversas de crença a partir da qual se reconstrói uma religião própria. A pluralidade de cores e formas, contudo, nem sempre é um sinal de vivacidade. No que diz respeito à religião, pode ser um fenômeno de seu fim, de sua aniquilação. A arte também se movimenta de modo *aditivo* no fundo hipercultural de formas de expressão e recursos estilísticos. A arte hipercultural não trabalha mais pela *verdade* em sentido enfático. Ela não tem mais nada para *revelar*. Como a religião *patchwork*, manifesta-se colorida e multiforme.

A hipercultura não gera massas unitárias de cultura, uma unidade de cultura monocromática. Ao contrário, ela desencadeia uma individualização cada vez maior. Seguindo as próprias inclinações, reconstrói-se a identidade a partir do fundo hipercultural de formas e práticas de vida. Surgem estruturas e identidades ao estilo *patchwork*. Seu colorido aponta para uma nova prática de liberdade que se deve à desfactização hipercultural do mundo da vida.

# Inter, multi e transculturalidade

Tanto a interculturalidade como também a multiculturalidade são em diversos sentidos um fenômeno ocidental. Historicamente, estão no contexto do nacionalismo e do colonialismo. Filosoficamente, pressupõem uma essencialização da cultura. A ideia da interculturalidade põe como base da cultura uma "essência". A nacionalização ou etnização da cultura também inspira nelas uma "alma". Um inter deve, então, trazer as culturas essencializadas em uma relação "dialógica". Por esse modo de compreender a cultura, essa troca cultural não é um processo pelo qual a cultura se deixa ser o que ela é, mas um ato especial, "digno de exploração".

A interculturalidade funciona conforme o modelo de intersubjetividade ou interpessoalidade que prefigura os humanos como sujeito, ou seja, como pessoa. A multiculturalidade também não compreende a cultura fundamentalmente de um modo diferente. Pode-se aproximar as diferenças culturais de *agora* com "integração" ou "tolerância". A multiculturalidade estabelece, assim, pouco espaço para a penetração ou o espelhamento mútuos. O conceito de Bhabha de "passagem intersticial" ou entre-espacial que cria identidades culturais apenas como efeitos da diferença, de fato constitui um primeiro passo na des-substancialização da cultura. Mas ele não leva a uma *windowing* hipercultural.

A representação da ontologia substancial da cultura não se desenvolveu no Extremo Oriente. Os humanos também não são unidades substanciais ou individuais fixamente delineadas, ou seja, não são "pessoa". Eles também não têm "alma". Já os caracteres chineses para humanidade indicam que não se trata de uma substância. O signo para entre fica bem no meio da palavra "humano". O ser humano é, portanto, uma relação. Categorias ocidentais como inter-subjetividade ou inter-pessoalidade, que poderiam provocar apenas posteriormente uma relação entre as pessoas ou sujeitos, são estranhas ao pensamento do Extremo Oriente. *Antes* de qualquer inter, os humanos são um *entre*. De modo correspondente, o "diá-logo" é também um conceito ocidental. A eloquência do *dia-legein* é desconhecida na cultura do Extremo Oriente. Esse outro entendimento cultural se esclarece, também, porque no Extremo Oriente não houve nenhuma vez uma designação ou tradução unitária para a interculturalidade. Para tanto, utiliza-se, entre outras coisas, de diferentes paráfrases que, com frequência, soam muito artificiais[74].

Tanto a cultura europeia como também o conceito europeu de cultura apresentam muita interioridade. A cultura do Extremo Orien-

---

74. A palavra chinesa, japonesa ou coreana para "cultura" (chinês wen-hua, japonês bun-ka, coreano mun-wha) é uma tradução do conceito europeu. No fim do século XIX o conceito europeu de cultura provavelmente foi traduzido e absorvido pelos japoneses, com o que passou a se relacionar com fontes chinesas. O primeiro signo chinês "wen" significa padrão, linha, signo, escrita ou literatura. O segundo, "hua", significa mudança, transformação ou modificação. O conceito moderno de "química" também contém o signo "hua".

te é, em oposição, pobre de interioridade. Isso faz com que ela seja permeável e aberta. Pelo mesmo motivo, ela desenvolve uma forte inclinação para a apropriação e modificação, para o novo. A cultura do Extremo Oriente não é uma cultura da re-cordação, que em alemão se escreve Er-Innerung, literalmente da interiorização, nem mesmo da memória. Devido à abertura intensiva, não se coloca especificamente a questão por tal inter que poderia mediar entre as essências fixas. A partir de sua constituição interior, a cultura do Extremo Oriente tende mais fortemente para a hipercultura, que justamente não é uma cultura da interioridade.

O pensamento do Extremo Oriente não se orienta pela substância, mas pela relação. Assim sendo, o mundo é mais propriamente uma rede do que um "ser". O Extremo Oriente pensa de modo reticulado. É por esse motivo, talvez, que a conectividade acelera ali de modo mais intensivo do que no Ocidente. Ela corresponde de modo claro ao mundo e à autocompreensão asiática. O Extremo Oriente tem uma relação "natural" com a conectividade "técnica".

A "poligamia do lugar"[75] não corresponde à percepção do Extremo Oriente da globalização. No Extremo Oriente seria, quando muito, apenas uma minoria bem pequena dos que seriam "casados com diversos lugares". Isso não significa, contudo, que o Extremo Oriente ainda não foi abarcado pela globalização. Apenas que ela deve ser descrita de modo diferente. A multiculturalidade também não reproduz corretamente a globalização cultural do Extremo Oriente. O colonialismo e a imigração, constitutivos para a multiculturalidade do Ocidente, não caracterizam o Extremo Oriente. Apesar da falta de multiculturalidade, o Extremo Oriente se manifesta cada vez mais hiperculturalmente. A hiperculturalidade não pressupõe necessariamente a multiculturalidade.

Diante do dialógico da interculturalidade, a transculturalidade acentua o aspecto do "ultrapassamento de fronteiras e limites": "na comunicação transcultural, o processo de ultrapassamento de fronteiras de uma unidade

---

75. Cf. BECK, U. *Was ist Globalisierung?* Frankfurt, 1997, p. 127ss.

cultural para outra fica em primeiro plano na observação"[76]. A ideia de transculturalidade de Welsch também realça a dinâmica do ultrapassamento de fronteiras e limites da cultura: "Transculturalidade [...] quer indicar que [...] as formações culturais de hoje em dia [...] naturalmente *passam pelas* fronteiras clássicas, as atravessam"[77]. Em oposição à transculturalidade, a hiperculturalidade não conhece a ênfase no ultrapassamento de fronteiras e limites. Hipercultural é a justaposição sem distância proxêmica de diferentes formas culturais.

---

76. REIMANN, H. (org.). *Transkulturelle Kommunikation und Weltgesellschaft* – Zur Theorie und Pragmatik globaler Interaktion [Comunicação transcultural e sociedade mundial – Para teoria e prática da interação global]. Opladen, 1992, p. 14. ["Comunicação intercultural entre duas ou mais culturas, devido às unidades limitadas por critérios determinados de identidade, é, em contrapartida, por definição sempre transfronteiriça, embora de preferência tenha em vista a troca recíproca (interculturação)"].

77. WELSCH, W. *Transkulturalität* – Die veränderte Verfassung heutiger Kulturen [Transculturalidade – A constituição alterada das culturas atuais]. In: STIFTUNG WEIMARER KLASSIK et al. (orgs.). *Sichtweisen* – Die Vielheit in der Einheit [Perspectivas – A pluralidade na unidade]. Weimar, 1994, p. 83-122. Aqui, p. 84. Para a caracterização da transculturalidade, Welsch recorre a figuras como "migração" ou "ultrapassador de fronteiras". Cf. ibid., p. 99 e 117.

E no espaço hipercultural, no hipermercado de culturas, não se "passeia". Formas, representações, sons e cheiros culturais diferentes que perderam seu lugar originário oferecem-se em um hiperespaço sem fronteiras e limites. A vastidão espacial que ainda é inerente ao passeio falta totalmente à simultaneidade hipercultural. Não se "passeia", mas se "navega", *browst*, no presente disponível. O "passeio" em sentido enfático não é o modo de andar hipercultural. Onde tudo já está disponível no presente, desaparece também a ênfase na partida e na chegada. O turista hipercultural sempre já chegou. Não está de passeio, como um "caminhante", nem é "trabalhador fronteiriço". A passagem e o trânsito não pertencem à espacialidade hipercultural. A hipercultura gera um *aqui* singular. Onde conteúdos heterogêneos ficam sem distância proxêmica em justaposição, uns após os outros, o trans passa a ser inútil. Não o trans, não o multi ou o inter, mas o hiper é que caracteriza a constituição cultural de hoje. As culturas, *entre* as quais haveria um inter ou trans, tornam-se des-limitadas, des-localizadas, dis-tanciadas em hiper-cultura.

A *windowing* hipercultural não é "diálogo". Falta-lhe a interioridade dialógica. Em certo sentido, a hipercultura *distrai*. Além disso, o turista hipercultural não é um *hermeneuta*. A hipercultura se diferencia também da multicultura na medida em que ela tem menos *lembrança* da proveniência, da descendência, das etnias ou do lugar. E em toda dinâmica a hipercultura baseia-se em uma justaposição densa de diferentes representações, signos, símbolos, imagens e sons. É um tipo de hipertexto cultural. A transculturalidade não contém justamente essa dimensão do hiper. Não o vasto espaço do trans, mas a proximidade da justaposição espaçotemporal é o que caracteriza a cultura atual. Não o multi ou o trans, mas o hiper (acumulação, conectividade e condensação) caracterizam a essência da globalização.

Welsch nota que "não é de hoje" que a cultura é "recortada transculturalmente", mas desde sempre[78]. Em oposição a essa transcultura-

---

78. Ibid., p. 92.

lidade que, de modo evidente, esteve e operou em todas as épocas, em todas as culturas, a hiperculturalidade caracteriza a cultura de *hoje*. A hiperculturalidade pressupõe determinados processos históricos, socioculturais, técnicos ou midiáticos. Além disso, está acoplada a uma experiência particular de tempo e espaço, a um modo particular de formação [*Bildung*] de identidade e de percepção que antes não existia. Por isso, nem a cultura grega nem a romana ou a da Renascença são hiperculturais. A hiperculturalidade é um fenômeno de *hoje*.

## Apropriação

Nos últimos tempos, o paradigma do "outro" ou do "totalmente outro" se estabeleceu em muitas disciplinas das ciências humanas. Desde então, algo pecaminoso se adere à apropriação. Afirma-se que a apropriação do outro reduz ao mesmo. Suspeita-se também da compreensão, porque ela força o outro a caber nas categorias do próprio pensamento. Constrói-se, assim, uma outridade ou uma estranheza que se priva totalmente da apropriação. De uma exploração desmedida do outro, vem em seguida uma estigmatização mística ou uma apoteose do outro.

A apropriação não é *per se* violenta. A exploração colonial que aniquila o outro em prol de si mesmo deve ser estritamente separada da apropriação. Ela é constitutiva da formação e da identidade. Apenas um idiota ou um deus vive sem apropriação. O próprio não está simplesmente dado como um fato. É, ao contrário, o resultado de uma apropriação feliz. Sem apropriação também não há renovação. A hipercultura é justamente esse desejo de apropriação, de renovação. É uma cultura de apropriação intensiva.

Quem se apropria do outro não fica igual. A apropriação estabelece uma transformação do próprio. Nisso consiste a dialética da apropriação. Não apenas o sujeito da apropriação, mas também o outro apropriado se transformam. O processo de apropriação não perpetua o *self*. Ao contrário, produz diferenças. O outro não é percebido, além disso, como um "exótico". O olhar que torna exótico consolida o próprio.

A hipercultura não conhece o "totalmente outro", diante do qual se sente medo ou timidez. E o estrangeiro dá lugar ao novo. Não pertence ao vocabulário da hipercultura. A curiosidade substitui a timidez ou a fobia. E o próprio que vale ser protegido e que seria dispensado por um tal processo de troca seria algo folclórico. O próprio é apenas apropriado pelo hiperespaço cultural, ou seja, não é herdado, mas adquirido. A separação frequentemente destrutiva entre próprio e estrangeiro suaviza-se em uma diferença entre velho e novo. Está na moda a disposição para a diferença, para o novo.

O consumo também é uma práxis de apropriação. É mais do que um consumo voraz do outro, no qual o sujeito permanece não modificado pelo consumo. As coisas das quais a gente se apropria, com as quais estamos rodeados, é que fazem a diferença do conteúdo do *self*. Apenas o mito de uma interioridade pura nivela o consumo em um ato meramente exterior. A crítica do consumo pressupõe um interior profundo que valeria proteger da superabundância de coisas exteriores. Essa interioridade, essa "alma", o Extremo Oriente não conhece. Esse é o motivo para que, além disso, o Extremo Oriente tenha uma relação extremamente positiva com o consumo. Não conhece "essência", nem "interior", dos quais valeria a pena proteger de tanto "exterior". O "interior" seria, ao contrário, um efeito do "exterior".

# À longa paz

O estado de paz não é para Kant um "estado natural". Este seria, ao contrário, um "estado de guerra"[79]. O estado de paz deve ser, então, "promovido". Imediatamente depois de ter apresentado os princípios fundamentais à paz perpétua como "cidadão do mundo" ou "hospitalidade"[80], Kant introduz alguns "suplementos". Para a produção da paz perpétua evidentemente não bastam os princípios fundamentais. São precisos, então, os "suplementos". No primeiro suplemento, Kant invoca, de maneira surpreendente, a "natureza". Embora o "estado natural" seja um estado de guerra, a

---

79. KANT, I. Zum ewigen Frieden [À paz perpétua]. In: KÖNIGLICH PREUSSISCHEN AKADEMIE DER WISSENSCHAFTEN (orgs.). *Escritos de depois de 1781*. Vol. 8, p. 341-386. Aqui, p. 348.

80. Ibid., p. 357ss.

natureza, na condição de "grande artista", nos dá uma "garantia da paz perpétua"[81].

A ideia do direito internacional, em alemão *Völkerrecht*, literalmente direito dos povos ou das gentes, pressupõe, diz Kant, a "*separação* de muitos estados vizinhos e independentes uns dos outros". A "fusão" das nações por "obra de uma potência que controlasse os outros e se transformasse numa monarquia universal" não promove nenhum "estado de paz duradoura", pois seu desenvolvimento levará ao despotismo. A "natureza", continua, "quer outra coisa"[82]. Ela cuida para que os estados permaneçam separados. Ela serve-se de "dois meios para evitar a mescla dos povos e os separar: a diferença das *línguas* e das *religiões*; esta diferença traz, sem dúvida, consigo a inclinação para o ódio mútuo e o pretexto para a guerra, mas com o incremento da cultura e a gradual aproximação dos homens de uma maior consonância nos princípios leva

---

81. Ibid., p. 360.
82. Ibid., p. 367.

à conivência na paz, a qual se gera e garante não através do enfraquecimento de todas as forças, como acontece no despotismo [...], mas mediante o seu equilíbrio, na mais viva emulação"[83].

Kant invoca sempre a "grande artista *natureza*". A razão sozinha é claramente incapaz de realizar a paz perpétua. Ele então faz a natureza socorrer a "vontade geral, fundada na razão, respeitada mas impotente na prática". Na condição de uma "grande artista", realiza coisas opostas entre si. Ela não isola os estados uns diante dos outros. Mas "une" "povos" "pelo próprio interesse mútuo". O interesse é do "espírito comercial" que, para Kant, não pode coexistir com a guerra. Ele interfere de modo mediador nos estados, onde quer que, no mundo, fiquem sempre ameaçados de irromper em guerra. O "espírito comercial" apodera-se, "cedo ou tarde", "de todos os povos". Assim, a "natureza" garante a paz perpétua "pelo mecanismo das inclinações humanas".

---

83. Ibid.

Segundo essa lógica, o "espírito comercial", que impulsiona a globalização, se mostraria possivelmente mais forte do que os deuses que estavam sempre em guerra uns com os outros em um "choque de culturas"[84].

Alguns anos antes, Kant havia condenado fortemente o "espírito comercial". Na *Crítica da faculdade do juízo* escrevera: "mesmo a guerra, se é conduzida com ordem e com sagrado respeito pelos direitos civis, tem em si algo de sublime e ao mesmo tempo torna a maneira de pensar do povo que a conduz assim tanto mais sublime quanto mais numerosos eram os perigos a que ele estava exposto e sob os quais tenha podido afirmar-se valentemente; já que contrariamente uma longa paz encarrega-se de fazer prevalecer o mero espírito comercial, com ele, porém, o baixo interesse pessoal, a covardia e moleza, e de humilhar a

---

84. O "mercantilismo" não pode levar à desnacionalização. Ele está ligado completamente ao nacionalismo. Nietzsche escreve também o seguinte: "O que pode ser o motivo para o término necessário das nações separadas umas das outras, enquanto, contudo, todo o resto aponta para a fusão delas? Acredito que interesses das dinastias e mercantis seguem lado a lado" (NIETZSCHE, F. *Nachgelassene Fragmente 1875-1879* – Kritische Studienausgabe. Vol. 8, p. 90).

maneira de pensar do povo"[85]. Em que consiste de fato a diferença entre uma paz "longa" e uma "perpétua"? A paz na qual subjaz o "espírito comercial" é "longa", enquanto a paz que repousa na "moralidade" seria "perpétua"? Kant se coloca em uma situação paradoxal. A paz "longa" que enfraquece a "moralidade" é uma "garantia" para a paz "perpétua" na qual a "moralidade" deveria se basear.

A globalização foi capaz, portanto, ao menos de causar, mesmo se nela subjazeria apenas o "espírito comercial", uma "longa" paz. Nesse sentido, seria preciso aceitar o "espírito comercial" que se originaria de "propensões" "inferiores". Não há, por fim, de fato nenhuma grande diferença entre a paz "longa" e a "perpétua".

A uma longa paz contribuiria, talvez, também algo que Kant, contudo, não aprovaria, a saber, a mistura de raças, religiões e línguas. Isso seria prejudicial ao poder. O poder pressupõe uma continuidade. Em um espaço descontinuado, ou em um espaço cuja estrutura

---

85. KANT, I. Kritik der Urteilskraft [Crítica do juízo]. In: *Akademieausgabe*, vol. 5, p. 263.

está em constante mudança, o poder pode se estabelecer apenas a muito custo. A mistura, então, inquieta o poder que constrói, para a estabilização ou legitimidade de si mesmo, uma pureza cultural ou racial.

Uma ideia parecida deve ter surgido também diante dos olhos de Nietzsche: "o comércio e a indústria, a circulação de livros e cartas, a posse comum de toda a cultura superior, a rápida mudança de lar e de região, a atual vida nômade dos que não possuem terra – essas circunstâncias trazem necessariamente o enfraquecimento e por fim uma destruição das nações [...]: de modo que a partir delas, em consequência de contínuos cruzamentos, deve surgir uma raça mista [...]"[86]. Essa inclinação à mistura remete, talvez, a tal "natureza". Seria antinatural o "nacionalismo artificial", ou seja, o "isolamento das nações através de geração de hostilidades *nacionais*". Para Nietzsche, o "avanço da mistura" veio para ficar. O nacionalismo é "em sua essência um estado de emergência e de

---

86. NIETZSCHE, F. Menschliches, Allzumenschliches. Op. cit., p. 309.

sítio que alguns poucos impõem a muitos". Ele requer "astúcia, mentira e força para manter-se respeitável". Vale, assim, "trabalhar" "na mistura e miscigenação das nações". Nesse caso, a paz mundial não repousa no "isolamento", mas na mistura e miscigenação das nações e dos povos que não exige uma "potência que controle os outros e se transforme numa monarquia universal". Na condição de "grande artista", a natureza providenciou também que houvesse, sem a potência, uma progressão de mistura e miscigenação. O "nacionalismo artificial" seria uma espécie de fundamentalismo do lugar, em um tempo em que o *lugar*, com a morte de deus, também estava ameaçado de desaparecer. "Nós apátridas" somos, diz Nietzsche, "muito 'viajados'" para cair na lábia do nacionalismo"[87]. Nietzsche via o "valor e o sentido autênticos da cultura atual" em um "se misturar e se fecundar mútuo"[88].

Apesar de uma visão ampla digna de nota, Nietzsche ainda não podia saber a que for-

---

87. NIETZSCHE, F. *Die frölische Wissenschaft* [A gaia ciência] – Kritische Studienausgabe. Vol. 3, p. 630.

88. NIETZSCHE, F. *Nachgelassene Fragmente 1887-1889* – Kritische Studienausgabe. Vol. 13, p. 93.

ma de cultura levaria a "troca rápida de lugar e de paisagem". Ele não chegou a uma ideia de hipercultura. E não era sempre a favor do "cruzamento de culturas". Ele leva, afirmou Nietzsche em outro lugar, a um "excesso de feiura" e a um "sombreamento do mundo"[89]. A hipercultura opera deslimitando em múltiplos sentidos. Ela é, assim, também uma cultura para além do *"belo" e do "feio"*.

---

89. NIETZSCHE, F. *Nachgelassene Fragmente 1880-1882* – Kritische Studienausgabe. Vol. 9, p. 90. O "cruzamento de muitas raças" enfraquece, além disso, a força de vontade: "Ceticismo – é uma expressão de uma certa constituição psicológica, que se origina necessariamente como que em um cruzamento de muitas raças: os inúmeros valores herdados ficam em luta uns com os outros, atrapalhando reciprocamente o seu crescimento. A força que se trata aqui no mais das vezes é a vontade [...]" (NIETZSCHE, F. *Nachgelassene Fragmente 1884-1885* – Kritische Studienausgabe. Vol. 11, p. 441). A vontade não está ligada a um valor determinado nem à sua constância ou continuidade. Ao contrário, permite transformações. E a justaposição densa de diferentes perspectivas não deve provocar o ceticismo. Ela também cria espaço para uma prática particular da liberdade ao impedir, além disso, a absolutização ou universalização de um valor que produz muito conflito e violência. Um dos traços fundamentais da hipercultura é, de longe, a desfactização que torna possível *se* projetar além das possibilidades ou valores herdados. Promete, assim, mais liberdade e vividez. A desfactização também significa uma des-naturalização. Perspectivas ou valores diferentes que se apresentam em uma justaposição hipercultural não estão nem ligados à "raça, nem ao "chão" ou ao "lugar".

# Cultura da bondade

A conexão hipercultural gera uma variedade intensiva de formas de vida e de percepção. Ela não permite nenhum horizonte de experiência universal, comum, nenhuma regra de relação que tenha validade universal. A adaptação necessária para um ser-com exitoso deve ser construída por um outro caminho.

Uma posição possível diante da variedade de convencimentos ou, como diz Rorty, "vocabulários conclusivos", seria a ironia. A "irônica" de Rorty duvida "radical e incessantemente do vocabulário conclusivo que ela usa a cada vez". Ela não se deixa cair na própria lábia, acreditando que "seu vocabulário estaria mais próximo da realidade do que outro, ou que teria contato com um poder fora de si mesmo"[90]. As "irônicas e os irônicos" vivem, segundo Rorty, "sempre conscientes da contingência e caducidade de seus vocabulários finais, de seu próprio *self*, portanto"[91]. Eles não absolutizam seu vocabulário e estão sempre preparados para "revidá-lo"[92].

A qualidade moral da ironia rortyana exaure-se em "evitar humilhar os outros". Rorty acredita que "o reconhecimento de que a vulnerabilidade nos é comum pela humilhação seria o *único* laço social de que nós precisamos"[93]. Por isso, sua irônica precisa, "tanto quanto possível, de familiaridade imaginativa com vocabulários conclusivos alternativos, não para a própria formação, mas para entender as humilhações reais e possíveis dos seres humanos"[94].

A distância irônica ao próprio vocabulário torna, é claro, possível que os humanos exis-

---

90. RORTY, R. *Kontingenz, Ironie und Solidarität* [Contingência, ironia e solidariedade]. Frankfurt, 1989, p. 127.

91. Ibid., p. 128.

92. Ibid., p. 138.

93. Ibid., p. 156.

94. Ibid., p. 157.

tam justapostos sem "humilhação" recíproca. Ela cria mesmo um eu sofisticado que não ofende o outro eu. Mas a ironia não opera *conectando*. Não faz uniões ou alianças. Ao contrário, cria apenas uma sociedade de mônadas cautelosas que possuem uma "sensibilidade fantasiosa", a saber, a "capacidade de imaginar de modo diferente a humilhação real e possível"[95]. As mônadas irônicas não são também, com seus sensores sensíveis, uma *essência-rede*. A "cultura irônica" se mantém uma cultura do eu monadológico. Ela possui muita interioridade. De tal modo que não pode abarcar a mistura sem interioridade de vocabulários culturais. Seria possível formular também: os temperos e odores que se misturam e se multiplicam hiperculturalmente não são irônicos. Há um paladar irônico em geral? Seria possível dizer também que a cultura, em sua camada mais profunda, não é irônica.

A "cultura irônica" de Rorty não entende a constituição hipercultural do mundo atual. A consciência da contingência e a fugacidade que

---

95. Ibid., p. 159.

seria característica da ironia não reproduz a experiência do *hiper* múltiplo. Talvez possa ser a consciência da Modernidade ou da Pós-modernidade, mas não é a da *hipermodernidade*. A negatividade da qual a ironia, por conta de sua gênese conceitual, não pode se despir não reside no interior da hipercultura. Esta contém uma afirmação que não se pode alcançar no irônico. Algo *infinito* anima a hipercultura.

Do ponto de vista da pluralidade atual das formas de vida e de crenças, o "tato" tem, é claro, bastante significado. Segundo Gadamer, o tato opera de modo orientador nas situações "para as quais não sabemos quais são seus princípios gerais"[96]. A "eficiência do tato de não se demonstrar" consiste em "encontrar o correto e dar ao uso do geral, da lei moral (Kant), uma disciplina, como a razão não é capaz de promover"[97]. Apesar de sua preocupação com o particular, o tato não constitui o

---

96. GADAMER, H.-G. *Wahrheit und Methode* – Grundzüge einer philosophischen Hermeneutik [Verdade e método – Traços fundamentais de uma hermenêutica filosófica]. Tübingen, 1960, p. 13.

97. Ibid., p. 37.

totalmente outro do universal ou da razão. Ele se relaciona de modo complementar ao universal. Ele rege as coisas que não podem ser abarcadas pelo universal. Desse modo, confere ao sistema uma maleabilidade e flexibilidade. Embora lhe seja própria a percepção do particular, ele só opera em interdependência com a aplicação do universal e do idêntico.

A cortesia também é capaz de se adaptar formalmente ao externo na medida em que dá espaço a uma autoconstituição mútua. Ela é uma técnica comunicativa que cuida para que as pessoas não se irritem ou se magoem. Contudo, lhe é própria apenas uma franqueza muito reduzida. A cortesia é utilizada não raramente para minimizar o contato com o outro, com sua outridade. Ela mantém o outro a distância. Além disso, ela está vinculada a um código cultural. Onde quer que se defrontem culturas codificadas de modos diferentes, ela perde sua eficácia.

A tolerância [*Toleranz*] também indica uma abertura bem reduzida. O outro ou o estrangeiro é simplesmente tolerado [*geduldet*]. O que se tolera são as discordâncias de expectativas geradas por um sistema normativo. Ela opera estabilizando-as em um sistema de regras estável. Uma abertura ao outro sem regras não é próprio nem da tolerância nem da cortesia. Tampouco é característica da ironia. *Amigáveis* elas todas, portanto, também não são.

Na sociedade "multicultural", a tolerância vigora diante da maioria que incorpora o normal. Deve-se tolerar aquilo que distingue a minoria desse normal, que é diferente dessa regra. A tolerância estabelece, assim, a diferença entre o próprio e o outro. É tolerada não a maioria, mas as minorias, às quais o baixo, o inferior, adere. A tolerância, assim, fortalece implicitamente o sistema dominante. E o próprio é decisivo em todos os envolvidos. Além de tolerar, não ocorre nenhum contato com o outro. A tolerância não é, portanto, uma abertura propriamente na qual o *estar próximo*, a *troca equívoca* não apenas seria "tolerada" passivamente, mas também afirmada, apropriada, de modo ativo, e elevada ao conteúdo do próprio. A tolerância conserva o próprio. Como a cortesia, é um conceito bastante conservador.

Ao contrário da cortesia, a gentileza, a amigabilidade, opera de modo desregrado. Justamente seu desregramento a capacita a uma efetividade mais ampla. Ela gera um máximo de coesão com um mínimo de relação. Onde o horizonte comum se desintegra nas mais diferentes identidades e concepções, ela provoca um ser-participante, um tomar-parte ou ser-envolvido, um *continuum* de *descontinuidades*. No interior do universo de mosaicos hipercultural, opera de modo reconciliador, fazendo a justaposição do diferente *habitável*. Nem a ironia nem a cortesia criam proximidade. Devido à sua abertura que vai mais longe do que a da tolerância, a gentileza, a amigabilidade, é capaz do *windowing* que abre e une. Talvez a cortesia substitua o deus de Leibniz com cuja ajuda as mônadas encontravam um ser-com harmônico apesar de sua falta de janelas. Ela instala janelas nessas mônadas.

## *Hiperlog*

A World Wide Web, a rede mundial de computadores, em certo sentido, transformou o mundo em uma paisagem marítima. Quando se clica no navegador do netscape, aparece um mar noturno com estrelas e farol claro. Navega-se pelo mar infinito de informações. No Word Wide Web as pessoas zarpam, portanto, como se estivessem em alto-mar. Em vez de "se logar", as pessoas poderiam dizer "embarcar". Aliás, o mar já não se parece mais tão aterrorizador como nos tempos antigos. Ainda para Hegel o mar era um símbolo para a incerteza e abismalidade assustadoras. Ele comparava, assim, em seu discurso inaugural em Berlim, o pensamento com uma viagem marítima cheia de aventuras por um oceano sem fim: "*A decisão de filosofar lança-se puramente no pensamento* (o pensamento está só consigo mesmo), ela lança-se *como em um oceano sem margens*; todas as variadas cores, todos os pontos de apoio então desaparecem, apaga-se toda outra luz amigável. Apenas a *única* estrela que ilumina a *estrela interior* do espírito; é a *estrela polar*. Mas é evidente que o espírito, estando solitário consigo, fica, *por assim dizer, sombrio; ainda não se sabe onde se almeja, aonde pode chegar*"[98]. O sistema de Hegel baseia-se nessa sensação da "sombra". Está erigido mesmo em meio ao "oceano sem margens". "Xanadu", o palácio de prazer de Kubla Khan, também não se baseia em qualquer chão seguro. Nele, cozinha a Terra. E o Rio "Alph", sagrado, precipita-se estrondosamente no lago sem sol. A World Wide Web apresenta um mar bem diferente. Dele não sai nem incerteza, nem abismalidade. O surfe é, é claro, a contrafigura dessa viagem marítima cheia de aventuras pelo incerto. O *user* é um turista na World Wide Web, movendo-se entre links. O

---

98. HEGEL, G.W.F. *Enzyklopëdie der philosophischen Wissenschaften III* [Enciclopédia das ciências filosóficas III]. Vol. 10, p. 416.

surfe reflete o sentimento de vida que é eficaz muito antes e fora do computador. O *user* está a caminho no world wide market, ou seja, no hipermercado, no hiperespaço da informação. O mar, com seus infinitos navios porta-containers não é mais o mar de Homero ou de Hegel. Também o conceito "*browsen*" chama atenção ao estar-no-mundo modificado. Ao contrário do surfe, o *browsen* não é uma imagem marítima[99]. O *user* não tem a atitude de um viajante marítimo aventureiro, mas de um consumista, de um turista.

Onde o mar se transforma em um hipermercado, desvanece também a "*estrela interior do espírito*" com a qual Hegel acreditava poder enfrentar a abismalidade e a incerteza do oceano sem margens. A alteração da relação com o mar reflete a outra relação de hoje com o ser. A nova paisagem marítima não conhece nem o espírito nem o logos em sentido enfático. O logos cede ao *hiperlog* que, no entanto, não representa uma simples continuação

---

99. Em inglês, *browse* significa pastar, enfrascar-se ou afundar-se.

do diálogo ou do polílogo. Ao contrário, ele abandona a ordem do antigo logos ele mesmo, na qual ainda se mantinham tanto o diálogo quanto o polílogo. O *hiperlog* é a nova ordem da hipercultura, de modo que se deve distingui-lo não do logos, mas mais propriamente do log-in ou do logo; ou melhor, dos logo-s.

# Andarilho

Nietzsche tem em vista o "andarilho" como um novo tipo humano. Em um aforismo sobrescrito com "o andarilho", Nietzsche escreve: "quem alcançou em alguma medida a liberdade da razão não pode se sentir mais do que um andarilho sobre a Terra – e não um viajante que se dirige a uma meta final, pois esta não existe. Mas ele observará e terá olhos abertos para tudo quanto realmente sucede no mundo; por isso, não pode atrelar o coração com muita firmeza a nada em particular; nele deve existir algo de errante, que tenha alegria na mudança e na passagem"[100]. O andarilho de Nietzsche andarilha em um mundo des-teleologizado, des-teologizado, ou seja, des-localizado. Porque não está a caminho de "uma

---

100. NIETZSCHE, F. Menschliches, Allzumenschliches. Op. cit., p. 362; p. 271 da versão brasileira.

meta final", pode pela primeira vez *olhar ao redor*. É, nessa medida, um *homo liber*, ao não ser refém do último sentido. Etimologicamente, o sentido aponta a um caminho, uma direção ou viagem. A nova viagem não tem uma meta definitiva. Essa ausência de telo e de teo liberta, contudo, a vista do andarilho. Sim, ele aprende, pela primeira vez, a *ver*. Ele vê "tudo quanto realmente sucede no mundo". Essa *hipervisão* é o resultado da nova liberdade conquistada. O andarilho faz o horizonte *único* desaparecer. Mas essa perda abre-lhe novas visibilidades a serem exploradas.

Seu próprio olhar andarilha. Decidido pela mudança, pelo novo, não permanece muito tempo em um lugar. Desconfia do mito da "profundidade" ou da "origem". É perito [*bewandert*] da *superfície* ampla, dirigindo-se às aparições multicoloridas.

A forma de existência do "andarilho" nietzscheano não se parece, contudo, com a do turista hipercultural. Isso porque falta a este o modo de andar vagaroso daquele. E o mundo do "andarilho" ainda está permeado de desertos e abismos. No aforismo está escrito: "Sem dúvida esse homem conhecerá noites ruins, em que estará cansado e encontrará fechado o portão da cidade que lhe deveria oferecer repouso; além disso, talvez o deserto, como no Oriente, chegue até o portão, animais de rapina uivem ao longe e também perto, um vento forte se levante, bandidos lhe roubem os animais de carga. Sentirá então cair a noite terrível, como um segundo deserto sobre o deserto, e o seu coração se cansará de andar"[101].

Apesar de sua fidelidade à "Terra", Nietzsche não deixou de ser ainda um peregrino. Acabou não conhecendo ainda o *ser-aqui* hipercultural. Seu caminho é uma *via doloris* que, porque teve que enterrar "deus", apenas se tornou cansativo, dolorido.

---

101. Ibid.

# Soleira

> *O buraco da fechadura na soleira.*
> Peter Handke

O mundo de Heidegger se manteve mais dialetal. A hipercultura seria para ele o fim da cultura por excelência[102]. Lamentava-se sem parar da perda da pátria. Ele também responsabilizava as mídias pelo desaparecimento da pátria, e, no limite, também pelo desapareci-

---

102. Em Heidegger, a "cultura" (uma palavra estrangeira, deve-se notar) *enquanto tal* é preenchida de modo negativo. Já a propagação do termo "cultura" na forma de uma "filosofia da cultura" seria um indício da decadência que se iniciava. A "compreensão das culturas mais estrangeiras e a 'síntese' dessas com a própria" leva, é o que está escrito em *Ser e tempo*, à "alienação ou estrangeirização, na qual se oculta a ele [o ser-aí] sua possibilidade mais própria de ser" (*Ser e tempo*, p. 178). A hipercultura que desfactiza o *ser-aí* leva a uma alienação ou estrangeirização radical. A ontologia do ser-aí de Heidegger deixa-se ser interpretada como a tentativa de re-factizar a própria filosofia, e até mesmo contra o pensamento de que "sem marcas, ossos e sangue" [sic!], "vegeta" apenas um "ser-aí literário" (cf. HEIDEGGER, M. *Die Grundbegriffe der Metaphysik* – Welt-Endlichkeit-Einsamkeit [O conceito fundamental da metafísica – Mundo-finitude-solidão]. Vol. 29/30. Frankfurt, 1983, p. 16 e 121).

mento do mundo. Ela torna os seres humanos turistas: "E os que permaneceram na pátria? Frequentemente são ainda mais sem pátria do que os que foram expulsos. Hora após hora ficam fascinados pela televisão e pelo rádio. Semana a semana o filme os leva a áreas da representação estranhas, com frequência apenas gerais, que simulam um mundo que não é mundo"[103]. As mídias apenas fingem, simulam, um mundo "que não é mundo". O que faz, então, o mundo ser aquilo que ele é? Onde se pode encontrar o mundo, quando não na representação? Há um âmbito do ser que seria mais originário, mais dotado de mundo do que as áreas da representação "habituais"? Heidegger tem em vista um *ser-no*-mundo que se abre *diante* do mundo das representações e *imagens*. Com a "facticidade", Heidegger designa também um ser-*em* que *está deste lado ou aquém* da representação. O imaginário midiático não atinge, de modo evidente, esse ser-no-mundo originário. Heidegger veria o

---

103. HEIDEGGER, M. *Gelassenheit* [Serenidade]. 8. ed. Pfullingen, 1985, p. 15.

perigo das mídias em que elas des-factizam o mundo também nesse sentido, ou seja, que elas aniquilam o caráter de mundo do mundo, o *ser-no*-mundo aquém das imagens e informações.

Na conhecida conferência intitulada "Por que permanecemos na província?", que poderia ser lida perfeitamente como um escrito antiglobalização, encontra-se uma indicação interessante quanto ao *mundo de Heidegger*. O mundo é apenas "se o próprio ser-aí está em seu *trabalho*"[104]. Para os espectadores do filme ou para os turistas que não *trabalham*, mas apenas *observam*, não é mundo. O mundo é onde "a gravidade da montanha e a rigidez de suas pedras primitivas, o crescimento parcimonioso do abeto, o esplendor luminoso, singelo do mato florescente, o esfumaçado do riacho da montanha na longa noite de outono, a estrita simplicidade das superfícies nevadas", onde "tudo isso" "se insinua" e "se escapa". O mundo de Heidegger é o *lugar* mediado por

---

104. HEIDEGGER, M. Aus der Erfahrung des Denkens. Op. cit., p. 10.

uma proximidade dialetal, camponesa, *material* mesmo. Pobre de mundo seria a hipercultura na qual sobretudo signos e imagens, deslocalizados, se insinuariam e escapariam uns ao lado dos outros, em uma justaposição. A hiperculturalidade desfactiza, desmaterializa, desnaturaliza e deslocaliza o mundo. A simultaneidade hipercultural do diferente toma do mundo também a "simplicidade estrita". E o *vazio* de tal "superfície nevada" dá lugar ao hiperespaço de signos, formas e imagens.

Dão notícias do mundo de Heidegger também as "coisas" que ele, na condição de portador do mundo, sempre evocava. Em "A coisa", Heidegger organiza as coisas em quatro grupos: 1) "o jarro e o banco, o trapiche, o arado"; 2) "a árvore e o lago, o córrego e a montanha"; 3) "garça e cervo, cavalo e touro"; 4) "espelho e fecho, livro e imagem, coroa e cruz"[105]. A essência da coisa consiste, segundo Heidegger, em espelhar o mundo em si. Vale a pena, assim, olhar mais detidamente para a cole-

---

105. HEIDEGGER, M. *Vorträge und Aufsätze* [Ensaios e conferências]. Op. cit., p. 181.

ção de coisas de Heidegger. Com isso se experiencia qual o mundo que Heidegger habita ou gostaria de habitar. Já a ordem das coisas sugere, apoiada em numerosas aliterações no original alemão, uma ordenação compreensível. A aparência de simplicidade também é criada no nível do número de sílabas. A maioria daquilo que se chama coisa tem, de modo característico, apenas uma sílaba em alemão. São *simples* também no que diz respeito aos seus nomes. Surge a impressão, assim, que a simplicidade estrita do mundo heideggeriano é sobretudo de natureza linguística.

O primeiro grupo consiste de coisas feitas pelos humanos e reflete o mundo camponês ileso. Mas essas coisas têm pouco a ver com o mundo dos camponeses real. É um *contramundo* que Heidegger esboça em face do mundo dominado pela técnica moderna, a fim de *projetá*-lo sobre o mundo dos camponeses. Ele *se parece muito* com o contramundo romântico ao qual os turistas, muito criticados por Heidegger, estão a caminho. Em certo aspecto, *o próprio Heidegger* é um turista, um turista-peregrino. Tanto Heidegger quanto o turista romântico peregrinam por um *ali* imaginário.

O segundo e o terceiro grupo de coisas constituem coisas animadas e inanimadas da natureza estritamente selecionadas. São animais nativos e benignos. Não se fala de insetos ou de parasitas (literalmente: os animais que não são aptos ao sacrifício)[106]. E os animais devem se sujeitar à aliteração e à assonância, ou seja, à ordem linguística. E, como todas as outras coisas, não têm mais do que duas sílabas, como já destruíram os nomes longos a ordem rígida, *simples* do mundo. Somente devido à sua assonância, o único animal de duas sílabas, a garça, é a exceção no mundo

---

106. O mundo de Heidegger é um mundo ocidental também na medida em que nenhum inseto aparece nele. Em nenhuma outra cultura os insetos são, em contrapartida, tão inimigos quanto na ocidental. Nos haikus japoneses, p. ex. (cada haiku espelha o mundo em si), formiga de insetos. Em oposição a Heidegger, Issa gostaria de incorporar em sua coleção de coisas muitos insetos. Um haiku de Issa: "No vasto mundo / as aranhas crianças se vão – / Cada um segue sua sorte" (Japanische Jahreszeiten, Tanka und Haiku aus dreizehn Jahrhunderten [Eras japonesas, tanka e haiku do século XIII. 7. ed. Zurique, 1994, p. 206 [Trad. de G. Coudenhove].

de animais de uma sílaba[107]. Em sua coleção de coisas, Heidegger não aceitaria as borboletas de Benjamin com seus nomes coloridos e de mais de uma sílaba, como a "veste de luto", a "admirável" ou almirante vermelho ou ainda vanessa, a "borboleta pavão" ou pavão diurno, ou a "aurora"[108]. Não é acaso algum que Heidegger evite os substantivos compostos. Eles seriam complexos demais para a ordem simples do mundo. Eles *hifenizariam* o mundo, ou seja, destruiriam sua "simplicidade rígida".

O quarto grupo de coisas reúne as coisas-cultura. Mas, em oposição às coisas do pri-

---

107. Esse caráter unissilábico literal das coisas corresponde também ao caráter unissilábico do camponês heideggeriano: "Quando, na pausa do trabalho, no fim da tarde, sento-me com os camponeses no banco do fogão ou na mesa ao lado do crucifixo, praticamente *não nos falamos nada*. Fumamos *silenciosamente* nossos cachimbos. No entremeio talvez saia uma palavra que o trabalho com a madeira na floresta está agora chegando ao fim [...]. O pertencimento interior do próprio trabalho na Floresta Negra e de suas pessoas vem de séculos através da sensatez [*Bodenständigkeit*] alemânica e schwabica insubstituível" (*Aus der Erfahrung des Denkens*, p. 10ss.) A hipercultura seria para Heidegger o fim definitivo, a total desfactização da vida sensata, ligada ao chão. Aquela é, de certo, *eloquente*.

108. Cf. BENJAMIN, W. *Berliner Kindheit um neunzehnhundert* [Infância berlinense por volta de 1900]. Frankfurt, 1987, p. 22.

meiro grupo também feitas pelos humanos, elas não têm apenas um valor de uso, mas também um alto valor simbólico. "Coroa" e "cruz" remetem a uma ordem hierárquica e religiosa. Não deve passar despercebido o "livro". O mundo de Heidegger é, no limite, um mundo do "livro", ou seja, um mundo com uma ordem fechada, estável e repetível. Heidegger tem pouco senso para a diversidade ou variedade. O "livro" de Heidegger representa o "*nomos*"[109] que leva ali onde cada coisa pertence, que a tudo "mantém na ordem certa, guardado e ordenado"[110]. A "imagem" sugere também a simplicidade ou a clareza da ordem do mundo. É fundamentalmente diferente das imagens midiáticas que apenas simulam o mundo. Heidegger tem em vista um mundo mítico, imagético, que segundo Flusser teria a seguinte aparência: "o tempo coloca cada coisa em seu devido lugar. Se uma coisa se distanciar de seu lugar, então o tempo o põe em seu

---

109. HEIDEGGER, M. *Wegmarken*. Op. cit., p. 191.

110. HEIDEGGER, M. *Der Satz vom Grund* [O princípio do fundamento]. 5. ed. Pfullingen, 1978, p. 108ss.

lugar: o tempo julga. Por isso, o mundo é cheio de significado: cheio de deuses. Esse julgar do mundo pelo tempo é correto (*dike*), pois põe novamente tudo em ordem (*cosmos*)"[111]. O mundo hipertextual, hipercultural, seria, segundo a classificação de Flusser, um "universo-ponto", no qual não há mais nenhuma ordem abrangente, seria, portanto, um "universo-mosaico" que se consistiria, talvez, de vidros ou janelas coloridos.

Por que Heidegger introduz o último grupo de coisas com "espelho" e "fecho"? Seu significado está colocado em um âmbito mais abstrato. Ele abre o espaço interior da "alma" ou da "casa". O espelho não é aberto. É, na verdade, uma contrafigura da janela, da *window*. Reflete o próprio. Nisso consiste sua interioridade. Também a forma de cruz, a clausura do fecho exerce essa função. Ela é a figura do *retorno a si*. A aliteração, muito marcada nesse quarto grupo, reforça a impressão de ordem e interioridade. A repetição sonora tem um efeito quase regressivo, arcaico.

---

111. FLUSSER, V. Die Zeit bedenken. Op. cit., p. 127.

O mundo de Heidegger é, além disso, de modo característico mudo e quieto. Não há algazarra. Essa quietude reforça a impressão da simplicidade da ordem do mundo. Como mônadas, as coisas espelham silenciosamente o mundo a partir de si. Elas não falam umas com as outras. Não olham ao redor. Têm um espelho, mas não janela. O "*windowing*" ou a "*intertwingularity*" seriam bastante estrangeiras para as coisas de Heidegger. Elas significam apenas dispersão e decadência.

Embora Heidegger remeta, seguindo Hölderlin, ao efeito constitutivo do estrangeiro, ou seja, da "peregrinação", para a formação do próprio[112], essa "peregrinação", contudo, é preenchida de modo dramático. Heidegger também se queixa com ênfase a respeito da diferença entre o próprio e o estrangeiro. A "soleira" com o estrangeiro é, por assim dizer,

---

112. Cf. HEIDEGGER, M. Hölderlins Hymne "Der Ister" [O hino "Der Ister", de Hölderlin]. In: *Gesamtausgabe*. Op. cit. Vol. 53, p. 177: "A apropriação do próprio é apenas enquanto a discussão e o diálogo acolhedor com o estrangeiro. Ser-localidade, ser o lugar da essência do nativo é peregrinação naquilo que na própria essência não é dado de modo imediato, mas que deve se descobrir pela peregrinação".

grave e pétrea. A passagem pela soleira é um ato dramático. Sobre ela, Heidegger escreve: "Soleira é a viga que sustenta a porta como um todo. Ela segura o meio em que o fora e o dentro se interpenetram. A soleira sustenta o entre. Em sua segurança, articula-se o sair e entrar nesse entre. Em parte alguma se deve abrir mão da segurança do meio. [...] Enquanto suporte do entre, a soleira é firme, porque a dor a tornou pedra. [...] A dor vigora na soleira durando como dor"[113].

A soleira é, segundo a etimologia, a viga fundamental da casa que atravessa, na condição de suporte da construção, também a porta. Assim, a soleira resguarda o interior da casa, sustentando a própria casa. A soleira, em Heidegger, se transforma em um entre-espaço no qual o dentro e o fora se confrontam. Apesar do entre, Heidegger não deixou de ser um filósofo da casa. Sua abertura para o fora restringe-se à abertura da soleira *hesitante*. A soleira está virada para dentro. Heidegger é totalmente estrangeiro ao caráter sem soleira

---

113. HEIDEGGER, M. *Unterwegs zur Sprache*. Op. cit., p. 26ss.

hipertextual ou hipercultural. Ele teria podido expandir sua coleção de coisas com a soleira: ...*fecho, espelho e soleira*... todas guardam a interioridade ou a intimidade da casa.

Os humanos do tempo vindouro provavelmente não ultrapassarão soleiras com caras consumidas pela dor, mas serão turistas com riso animado. Não deveríamos saudá-los como *homo liber*? Ou deveríamos, ao contrário, com Heidegger ou com Handke, permanecer um *homo doloris*[114] petrificados na soleira? Em "Fantasias da repetição", Handke escreve: "Se sentir a dor da soleira, você não é um turista; pode haver a passagem"[115].

---

114. De forma conhecida, chama-se no último Heidegger o ser-humano de os "mortais". A morte é declarada [*erklärt*] e idealizada [*verklärt*]. Pertence, contudo, à desfactização a *superação do estar-lançado na morte*.

115. HANDKE, P. *Phantasien der Wiederholung* [Fantasias da repetição]. Frankfurt, 1983, p. 13.

Para ver os livros de
# BYUNG-CHUL HAN

publicados pela Vozes, acesse:

livrariavozes.com.br/autores/byung-chul-han

ou use o QR CODE

Conecte-se conosco:

**f**    facebook.com/editoravozes

◉    @editoravozes

𝕏    @editora_vozes

▶    youtube.com/editoravozes

◯    +55 24 2233-9033

---

www.vozes.com.br

Conheça nossas lojas:

www.livrariavozes.com.br

Belo Horizonte – Brasília – Campinas – Cuiabá – Curitiba
Fortaleza – Juiz de Fora – Petrópolis – Recife – São Paulo

**EDITORA VOZES LTDA.**
**Rua Frei Luís, 100 – Centro – Cep 25689-900 – Petrópolis, RJ**
**Tel.: (24) 2233-9000 – E-mail: vendas@vozes.com.br**